這樣教孩子不會錯！

宮智美 著

FOREWORD 前言

德國哲學家康德曾說：「人類最難的兩件事：一是如何『統治』他人；另一個是如何『教育』他人。」

希臘哲學家柏拉圖也說：「孩子是最難應付的動物。」

聖經說：「兒女是耶和華所賜的產業。」

有位學者說：「教育是讓孩子們對知識渴求，而不是讓知識追逐孩子們。」

也有人說：「孩子的壞習慣，80%都是在家裡養成的。」

最後一位親職專家說：「生活就是一所學校，一草一木都可以成為教育的對象；同時要記得教導孩子時：情感教育永遠都是大於道理教育！」

的確，如果您已為人父母了，相信對於這些話，必定都會覺得深有同感吧！尤其是在現代的小家庭制度下，夫妻雙方大都忙於自己的工作，加上子女數目銳減，以致每一個孩子都是「天之驕子」要什麼有什麼！然而這種現象對於人類最珍貴的天然資源——孩子——的未來而言，究竟是幸或不幸呢？我想，這答案是不問可知的。

不管時代如何進步，科學如何發達，都不可改變父母是孩子出生後，所遇到的第一個啟蒙老師這個事實！因為孩子一生下來，首先進入的便是家庭，這是孩子人生的第一個生活環境，對孩子的身心發展影響甚巨，而父母正是家庭的主宰者，所以說，為人父母者，對於孩子未來將成為怎樣的一個人，都負有無法推卸的責任。

那麼，要怎樣做才能成為一個稱職的現代父母呢？要怎麼做，才能培育出優秀的下一代呢？這便是本書的最大主旨所在，舉凡讓父母最感頭痛的問題，比如：孩子不聽話、不吃飯、撒謊、耍賴、無理取鬧、偷竊、逃學、愛哭鬧……等等，本書對孩子的這些行為，皆有詳細的心理分析，並且針對各種不同個性的孩子設計了各式不同的指導方案。

另外，對於如何培養孩子的自立性、良好的觀察力、獨立的思考力、判斷力、自信心……等優良的品德，本書亦有詳盡的說明及具體的應對方案，幾乎所有為人父母的所曾遭遇的困擾、困難，都已包含在內！相信是為人父母的您，在親子教育、教養上所不可或缺的、最寶貴的參考書籍。

實際上，每一個新手父母在教育下一代的天平上，難免會有各種盲點與偏差，本書就常見的親子教育的困境，由專家提供了撥雲見日的好點子，如果能在您教養孩子上給予幫助，那麼就是作者最大的榮幸了！

CONTENTS 目錄

第 1 招

命令越少越好

有些父母老愛對孩子，一下命令這個，一下命令那個，不停地對孩子實施疲勞轟炸，簡直會叫孩子束手無策！

如果用規則或規定來管理孩子，那麼你就不必對孩子過多地發號施令了。有時候，與其命令，還不如提問更好。

父母教育孩子最重要的方式之一，是用規定或規則管理孩子的行為。這也是撫育孩子最困難的一點。有些父母擔心，如果過度約束孩子的行為，孩子們就會不再喜歡他們了。

從長遠看，假如你給孩子提供他所需要的用以發展內在約束力和自我訓練的方法，他們會喜歡你的，甚至更加尊重你。這樣可以避免你與孩子之間的衝突，要讓孩子明白，不是你反對孩子，而是孩子的具體行為違反了某項規定，他必須承擔的後果。規定有明晰、一致和公平的優點，可以事先引起注意。我們都必須學會在規定與一定限度中生活，保持一個有秩序的團體的作用。

當我們在執行規定和制定限度時，你必須遵循兩個原則：（一）是對孩子提出要求，制定一項長遠的規則，例如，每天早上疊被子。即時（短暫）的規則或命令，則是在特殊情況下給孩子一種臨時下的指示，如「不要那麼大聲吵鬧！」（二）利用父母的權威。要想輕鬆地使孩子遵守規定，你必須保證充當權威人物的角色，權威意味著權力或有權發布命令，父母要有權威的目的，不是剝奪孩子的自由，而是在能夠管理的限度內給孩子以裁決和行動的自由。

第一式 規則儘可能簡單、明白。這樣不僅可以讓孩子記住，你也不必因為強迫他們接受更多的限制而不勝負荷。陳述規定要用明確的態度和有力的語調，避免含糊不清的命令。例如，「你睡覺前要做什麼？」不如直接說：「你準備好，就去睡。」這意思是說，孩子必須在睡覺之前，完成刷牙、上廁所的例行規定。

第二式 始終不渝地執行規定。在發出命令之前，你要明確命令是會被始終如一地執行的。丟掉一切你認為不太可能去執行的規定。關於孩子發育情況的調查清楚地表明，父母對孩子有明確規定與限制，以及要求他們嚴格地始終如一地執行規定，這樣培養出來的孩子是最能適應生活的孩子。

第三式 使用命令的語言必須以積極的方式表達。你的命令，即更多地着重告訴孩子怎麼做（正面的命令），而不是不要怎麼做（禁止的命令）。因而，你可以說：「講話小聲一些。」而不是命令他：「不准說話！」

對孩子來說，這不僅是教育他該做事情，也是讓他易於接受的一種教育方法。

第四式 召開家庭會議，並允許孩子有發言權。讓孩子們參加制訂規定，他們就會認為規定是必要的、可行的，也就更容易遵守。召開家庭會議的辦法是可取的，鼓勵孩子們對困難發表意見，建立一種規定來幫助解決困難，這樣，就可以使孩子在約束自己的行為上獲得經驗。隨著孩子逐漸長大，需要的規定會越來越少，因此，有必要定期討論他們對規定做出必要的改變方法。

第五式 講究靈活性。孩子，特別是幼兒，使他們馬上停止正在進行的活動比較困難。因此要預先向他們提出一個時間的限制。換句話說，假使你要孩子不再在外面玩了，應該允許孩子有幾分鐘的時間結束他的遊戲，你可以這樣說：「再玩五分鐘，就該回家了。」

第六式 提倡自由調節。有時候，與其命令，還不如改用提問方式。你不妨如此對孩子說：「喂，你在做什麼？」這對孩子來說是個「警告信息」，證明他的行為是不恰當的，而且你已經知道了。這也說明：你希望孩子對發生的情況能予以補救。

假使孩子直接地干擾了你，你可以明確地告訴他，他干擾了你。同時，對他說明，他的行為是如何地妨礙了你。如果孩子很關心你，他就會主動改變這一情況，不需要你的命令或提出解決辦法。記住第一條指導方針——命令越少越好。

不要為例外找藉口

俗話說：「無規不成方圓」。家庭日常生活規範一旦制定，就不允許有例外，因為例外是犯規和不穩定的根源。

有秩序、有規律的生活，能使孩子茁壯成長。當他預先知道了要做什麼，他會愉快地去完成任務。父母應該為孩子制訂一個有規律的、固定的指導日常事情的規章制度。對於一個不成熟的孩子來說，一個能預知的世界就是一個安全的、不是混亂和靠不住的世界。在制度中，也可以把希望孩子應有的行為寫下來，以促使他們學習，求得不斷的進步。家庭日常生活制度，可以避免把家務事打亂，是你省時又省力的一個絕妙的教子方法。

要精心地建立日常制度，把一天時間安排得疏密有致，學習、工作、休息、娛樂，玩耍，要交替進行。一天的安排如此，一天與一天之間也要有連貫性和一致性。例如：就寢時間、起床時間、用餐時間、做作業的時間等等，這些有規律的事情，都要堅持按制度行事。

就寢時間制度中的項目，可以包括靜靜地看一小時電視，接著提醒他只有五分鐘就到就寢時間了。洗澡、就寢時講故事，然後熄燈，要在每天晚上同一時間開始，按照同一順序進行。不允許孩子說廢話，拖延時間，或與你爭辯。

第一式 制度訂立後，可以有一個試行時期。如果不是由於孩子主觀上的不努力，而是安排確有欠妥之處，可以作某種程度的修正，一直到父母與子女都感到比較滿意為止。制度也不是固定不變的，應儘量使它富於靈活性，符合家庭活動中的變化和孩子發育中的變化。如就寢時間，必須適應孩子的年齡。制度固定後，父母要認認真真地督促孩子執行，孩子如果表現出某種不自覺時，要及時提醒。

第二式 把每天的日程安排表貼在家中的一個顯眼處，而不是隨時隨地在下命令或嘮叨。這樣，孩子即使有牢騷，他也只能對著時間表提出抗議，而不是對你。

第三式 對制度只能允許有很少的例外，因為例外是出問題和不穩定的根源。只有極特殊的事或真正的急事（如生病），才可以有例外。否則制度就似乎是由你個人一時的興致或愛好所支配，成為可有可無的了。

第四式 對制度的態度並不是針對某一孩子或大人自己情緒化的制定。應向孩子講清楚，遵守制度是他的責任，而不是你的責任。你有權監督或督促他去執行。

第五式 明確規定，哪些日常制度是必須堅決執行的。平靜地執行每天生活中的一般制度，是早期訓練孩子的形式。雖然所有的孩子都需要日常制度，但這一組織形式對好動、易衝動、反應遲鈍以及恐懼不安的孩子特別重要。儘管教孩子進行自我訓練的日常制度有著顯著的價值，而許多父母卻發現，由於各種原因，執行固定的時間表是困難的，如父母本人不重視組織性，偏愛「自由活動」等等，不幸的是，在家庭沒有養成按時作息習慣的孩子，以後就很難適應學校的和辦公室的固定制度了。

第 3 招

獎勵不是賄賂

獎勵是對好的、可稱讚的、良好的行為的一種報酬，而賄賂則是對某些非法或不正當事情的支付行為。

假使你的孩子有了某種積極的行為，而你又希望他持續下去，那不妨就給他一些使他感覺愉快的東西，即給予獎勵。獎勵運用得好，不但可以增強孩子的自信心，而且還可鼓勵孩子不斷地進步。

獎勵，除了鼓勵孩子重複良好的行為外，還會使孩子自我感覺良好，在強烈的自尊心中，獲得較大的自我約束能力。獎勵還可以幫助父母與孩子之間建立積極的關係，因為在孩子心目中獎勵代表了生活中的一個重要人物對他的愛和尊重。

獎勵孩子一般有三種情況：（一）你事先告訴孩子，只要他表現出某一種良好的行為，他就可以得到獎勵。（二）你什麼事也不說，而是在你看到孩子良好行為的表現之後，給以獎勵。（三）孩子並沒有什麼具體的良好行為，只是因為你喜歡他，或喜歡他經常表現的行為而獎勵他。

如果孩子由於恐懼、憂慮，或有特殊困難，而總是很少能做到你所希望的行為的話，第一種做法是適當的。如果你希望增多孩子已經經常表現了的良好的行為的次數，第二種做法是滿有效的。但如果你想要對孩子的行為表示一般的讚許或欣賞，則第三種做法也不錯。

第一式 對孩子良好行為的獎勵辦法有兩種：（一）是在家裡給以正常的獎勵或使孩子感到愉快，這要根據孩子履行大家所希望於他的行為而定。例如，孩子已將他盤子裡的、他從未吃過而且很討厭的食物吃完了，你可以獎勵他：「你今天表現很棒，等一下你可以吃一盒冰淇淋。」至於其它的特殊待遇，是不能輕易給予的，而是要認真負責地根據孩子的行為而定。（二）是當孩子做某些感到特別困難的事情時，給予獎勵。假使孩子害怕水，你可以對他採用一種特殊獎勵方法，讓他隨家庭成員一起游泳以減少他怕水的恐懼感。另外，對在學校屢次不及格以致開始灰心的比較遲鈍的孩子，為了幫助他學習，可以給他以特殊的獎勵。

第二式 在獎勵孩子程中，如果第一式行不通時，你必須考慮其他一些辦法了。如果孩子根本不買你的帳，你應該考慮這些獎勵辦法是否適合於他。例如：你對一個10歲大的男孩說：「你把這個變形金剛送給弟弟，我再幫你買一盒麥克筆。」孩子會想，變形金剛我才不會送給他呢，反正你一定會給我買麥克筆的，因為美術繪畫課要用。孩子懂事了，他不會被你這種騙局所蒙住。對待這樣的孩子，你應該對他採用一種強化的獎勵手段，那就是告訴他，當哥哥的應該懂得關心弟弟這個道理，你玩過的玩具送給弟弟是理所當然的，否則，你將永遠得不到新玩具。

第三式 獎勵並非一定都是金錢、實物，還應有精神上的獎勵，如用目光、微笑、言語讚許，或是利用節假日帶孩子遊玩、走訪親友等等。獎勵的最終目的是，要使孩子內心得到自我滿足，使美德與成就本身成為一種獎勵。不用說，假使你經常對一個孩子所做的每一件事都給予物質上的獎勵，就很有可能把孩子撫養成一個被慣壞了的、善於採取不正當的手段去取得實物獎勵的孩子，往後，他只會為了獎勵而工作。和其他任何事情一樣，我們運用物質獎勵應該適當，並應為長遠目標著想。

第四式 如果這些獎勵方式都很適合於你和你的孩子，那麼，你就要堅持下去，這樣能及時地檢閱你的成功與失敗。必要時，你還可以改變你的方式，即尋找更為有力的獎勵辦法。例如，一次國外的旅遊或迪士尼樂園等等，要爭取孩子的行為往好方向改變，不要半途而廢。

第五式 家長還有一個普遍易犯的錯誤是：當他們教給孩子某些新東西時，獎勵太少而要求、批評太多。如，小孩邁出的最初的幾小步，是需要給予很大獎勵的。不要因為孩子摔了一跤，就從此對孩子失去信心。對待其他的事物一樣，多表揚獎勵，少批評懲罰。最後要講的一點是，不要把獎勵與賄賂混為一談。獎勵是正面的；而賄賂則是負面的。

第 4 招

不要代替孩子道歉

有些父母親，在外出場合或與親友聚會時，只要一發現孩子有出格的行為，就會馬上為孩子向對方道歉，其實這種做法最要不得，等於是在鼓勵孩子犯錯，因為他不必為自己的行為負責任。

能自己做主張的人，也就是具有能正確表達自己的想法，以及能充分了解對方意圖的能力的人。像是與其讓別人去決定，不如自己先表示：「我想要咖啡，不要紅茶！」能這樣有明確主張的人，最容易被社會信賴！

「自主」行為可以解釋為擺脫外部約束的一種欲望，目的是成為一個自動調節的、有自己的看法的、獨立的人。有自主能力的人，具有主動克服困難的能力，並希望能自我服務。作為家長的任務，應該是儘可能地、積極地幫助你的孩子具有自主能力。要做好這項工作，並不是很容易的，因為父母往往容易傾向於過分保護孩子，並且感到這是必須的。

當孩子到了一定的年齡，他的思想變得成熟了，他就會開始有了自己的主張與選擇，再也不想事事受父母的牽制，處處聽父母的指點。如果你總是要求孩子溫柔、順從、不反抗他人，完全接受你的意見，不可稍有違背忤逆；那麼，你的孩子則很可能會成為無自主性、無責任感的人。

遇到孩子開始有這種「叛逆」行為時……。首先，父母應先尊重孩子的意見，無論什麼事，都要讓他自己作主，你可以再婉轉地告訴孩子：「你的想法雖然不錯，但你自己現在還沒有能力完成它。」只有這樣，才能使孩子的智能有所增長，才能培養他自主的能力。如果你對他的決定老是投反對票，那就等於是說：「笨蛋！用不著考慮這些問題，你只要做個沒頭沒腦的人就可以了！」

能自己做主張的人，也就是具有能正確表達自己的希望，以及能充分了解對方希望的能力的人。如果父母忽視了孩子的這種能力，那麼孩子也將不會有什麼很大的發展。因此，你必須時常提醒自己，要從孩子世界的中心走到幕後來，去引導、督促孩子的這種自主能力的進一步發展。

第一式 只有給孩子更多探索和試驗的機會，以及不害怕他獨自在一定的限度內犯錯誤，才能培養他的自主能力。好的父母的標誌是不替孩子做他自己能做的事。應提倡「自己能做的事，必須自己做」，甚至允許他們做錯。鼓勵孩子從小獨立思考和自我服務。可以對孩子這樣說：「我希望你自己去做那件事，不管你做得怎麼樣，哪怕你最初做起來會感到很困難。不過，你可以試一試自己有多厲害！」

第二式 當孩子充滿信心去實踐自己的主張時，父母不宜干涉太多，當然，孩子也不免會打碎碗碟，會與同學發生爭執，這時，孩子可能會向你求救，你最好採用引導、啟發方式去干預，而不是粗暴的壓制與干涉。你可以對孩子說：「爸爸可以幫助你一起處理善後，但自己的錯誤要自己去道歉。」而不是「爸爸可以代你去道歉，但是你下次可要小心喲！」

第三式 隨著孩子的長大和成熟，既要培養孩子的責任心，又要允許他們有越來越多的獨立性？即給他們規定和約束要逐漸減少，使他有更多的自由去管理他們自己的事情。例如，關心他的所有閑暇時間的利用，晚上就寢時間，離家外出旅行的遠近，以及個人的儀表打扮等。值得注意的是，父母在這一階段普遍容易犯的錯誤，是不大能意識到孩子很容易進入下一個較高的發展水平，致使他們在允許孩子獨立自主中，傾向於緩慢。

第四式 鼓勵孩子從小自己做決定。比如，你可以大方地向孩子表示：「這由你來決定！」「喂！這是你的好機會啊！」「不管你怎麼想，還是由你自己來選擇吧！」

一旦孩子作出決定，就必須使他意識到要對他們的選擇後果負責任。比如，一個孩子如果決定在他得到一星期的零花錢的第一天就把它花光了，那麼他就必須嘗嘗那個星期其餘幾天沒有錢的滋味。孩子的自主能力往往都是在幾次成功與失敗的過程中樹立起來的，你應該在這個過程中給予適當的幫助和鼓勵。

第 5 招

飯桌上不必太民主

在飯桌上對孩子如果太民主，有時一餐飯會變成一場鬧劇。因此，不宜把飯桌當成民主殿堂。

吃飯原本是一種享受，可對許多孩子來說，吃飯有時會當做是一場遊戲，許多父母為孩子不好好吃飯而感到頭痛，甚至有些家庭會為了孩子吃飯的問題而失和，鬧得不歡而散。

如果孩子胡搞亂弄他面前的食物，一會兒站起，一會兒又坐下，還會和弟弟妹妹鬧，一股勁地叫嚷，或許他還會爬上桌子，站在椅子上以吸引大家的全部注意力，那麼你可得明白，他的想法可是與你的想法不同，他現在想做的可不是要吃飯，而是在測試你對他的限制程度，並試圖把自己的吃飯時間也變得饒有趣味。

不少父母為孩子不願吃飯而傷透腦筋。一些人千方百計滿足孩子的欲望，以達到讓孩子吃飯的目的，卻忽視了小孩的正確教育。有的孩子掌握了父母溺愛的心理，就會把「我不吃飯」當作「武器」，向父母進行「敲詐勒索」。當孩子鬧得太過分時，你可通過下述方法使孩子安靜下來。

第一式 孩子不想吃飯，總是有原因的，或是病了、或零食吃多了、或心裡有什麼不愉快的事情影響食慾。假使他一時不想吃，你就不要苦苦哀求，否則，等於給他機會進行要挾。對耍賴不吃飯的孩子，餓他一頓半餐，下次他就會體驗到餓肚子的滋味。餓個一天半日，對身體並不會有什麼太大的影響。當然，事後要給孩子講清道理。

第二式 對孩子說「不要再吵了」或者「不要再胡鬧了」的話，不宜超過兩次。如果他不能控制自己，你就得讓他離開餐桌，直到他願意試著好好吃飯為止。

第三式 等上大約五分鐘，然後問他（無論在他的房間還是在別的地方）：「你現在是否想好好吃飯了？」如果他說：「是的。」你才能允許他回到餐桌旁。有時，他可能會故技重演，在這種情況下，你應該告訴他：「我想你還是不想好好吃飯，既然你不餓，那就不必吃了。所以，你現在必須離開餐廳，不能影響到別人吃飯。」

孩子也許並不在乎離開餐廳，他會在房子的某個地方自得其樂，可能還會發出令人毛骨悚然的尖叫聲，叫你吃不好這頓飯——無論他在不在餐桌旁，記住：經過觀察你該知道哪種方法對你孩子最為有效。

第四式 有些孩子吃飯時坐不住，滿屋走，主要原因是有別的事情吸引著他。這時，切忌強迫他老老實實坐下吃飯。而應用「轉移視線」的方法，把他的興趣吸引到飯桌上來。最好能給孩子講解一些科學常識，比如：人為什麼要吃飯？人體怎樣吸收營養？一方面使他增長知識，另一方面使他產生興趣而增強食欲。

第五式 「你喜歡吃這個嗎？」有些父母用餐時，會不自覺地讓孩子挑選飯菜，這樣反倒助長了他的挑食個性。孩子吃什麼菜式，你應該心中有數，該給什麼就讓他吃什麼，用不著徵求孩子的意見。一些孩子之所以會揀飲擇食，往往是嬌慣造成的。

第六式　當上述的事情發生後，你要孩子好好想想，並非常肯定地對孩子說（不要表現出氣憤）：「我確實希望你能記住我們所制定的這些規則，這樣我就不必把你從餐桌旁趕走，或者你還會得到一些你意想不到的獎品。我相信你能學會遵守這些規則的。」

如此，你就會減輕自己的壓力。因為你已知道，孩子每次的行為都是與你作對，而你現在也有了一套治理方法。相信你只需努力堅持做幾次，就可完全控制他就餐時間的行為了。

第 6 招

不要當眾處罰孩子

正如你不願別人窺知自己的隱私一樣，你的孩子也不願別人知道自己的短處和過失。所以，不管孩子如何犯錯，如何令你生氣，你都應避免在大庭廣眾之下責備他。否則，給孩子造成心理障礙，到頭來後悔的還是父母。

孩子在成長過程中，犯有這樣那樣的錯誤，那是難以避免的，誰也不能保證自己的孩子一輩子不犯一點錯誤。但是，如果你的教育及時而且恰當，在很大程度上是可以避免一些不愉快的事情發生的。

第一式 不要溺愛、嬌慣孩子。溺愛就是過分寵愛。不能只要孩子需要什麼，你就給什麼，即使是自己能力範圍內允許的，你也不必為了討孩子的歡心，而滿足他的一切慾望。「有求必應」並不是偉大的父母。

第二式 不要在別人面前責罰孩子，無論成人或孩子，都是有羞愧心的。孩子到了一定年齡，對自己的缺點，會產生一種心理作用：最忌諱在大眾面前，暴露自己的缺點，這樣會使他覺得自己很無能，而產生自暴自棄的心理。如果你能妙地掌握孩子的心理特點，可以化消極因素為孩子成長的動力。例如，「這孩子，最近好乖，什麼事都能自己動手做。」孩子聽了這些話，會比直接誇獎他更高興，而且也會比以往更努力，他會因此而注意避免再犯錯誤。

第三式 有些孩子好奇心特別強，會把玩具、小家電拆開，大搞破壞，結果把這些東西弄壞了。一些孩子還有不願被人冷落的心理，看到有客人在場，就會故意做小動作、搗亂。對於孩子們這些因心理因素而造成的過失，家長應區別對待，絕不能一味斥責。孩子拆開玩具，如果大罵他是「敗家子」、「廢物」，再加上巴掌「教育」，這樣會把孩子那剛剛萌發的求知慾統統打掉。這是很差勁的做法。

第四式 要確信孩子有能力改變自己的行為。孩子一而再，再而三地犯錯誤時，你要利用心理制裁的方法，用自己的行為去感化孩子，使他感到內疚、慚愧，從而改正自己的錯誤。如此，孩了在與別人打架時，把外套扯破了。當你看到撕破的外套，又生氣又難過，你真想破口大罵或狠狠揍孩子一頓，但你不能這樣做。哪怕孩子已有多次這樣的行為了。如果每次你都默默地坐在燈下為他縫補被扯破的衣服……也可以利用周休，本來會帶他到公園活動的時間來做這件事（這等於取消了他的外出）。這時，孩子會深深感到內疚、羞愧，他會忍不住對你說：「我再也不這樣了。」孩子認錯了，證明你的努力，終究使孩子醒悟過來了，而孩子也確實在開始改變自己，至少他已從思想上認識到了自己的錯誤行為，然後就會落實到行動上來。

事實證明，孩子們在生理、心理發展過程中，有一些過失與錯誤是不可避免的，不能苛責。只要能及時發現缺失並及時矯正，養成有錯就改，自覺防患的好習慣，那麼，你的孩子就會不斷地克服生理和心理上的各種障礙，健康地成長。

第 7 招

不要直接揭穿孩子的謊言

你的孩子會說謊嗎？是的，所有的孩子都善於撒謊。

當你發現孩子居然會說謊時，可千萬不要驚小怪，要沉著冷靜去應戰，好好讓孩子給糾正過來。

誰都會有撒謊的時候，只是謊言會有有意與無意，善意和惡意的區別。

甚至有很多人都承認自己小時候經常說謊話，有時也喜歡說大話、說反話。有時本來是自己欺負了別人，卻反而向母親說自己被人欺負了。

孩子撒謊，其實也是孩子所具有的一種本能，是一種自我防衛的表現。如果家長發覺孩子撒了謊，就嚴加訓斥和打罵，那會有什麼結果呢？

孩子撒謊，也是孩子具有豐富想像力的表現。家長明知孩子撒了謊，但故意裝作對孩子的話信以為真的樣子，孩子就不會因謊言被識破而傷害自尊心，然後再採取巧妙的辦法加以正確引導，這樣做，始有利於孩子思維能力的發展。

有時候，孩子並不是故意撒謊，而是分不清現實與幻想的區別，錯把想像中的幻覺當成現實。於是，被歪曲的現實也就成了謊言。

你若真心希望孩子長大以後成為一個正直的人，則任何與此相反的蛛絲馬跡都會令你不安。也許你認為，當孩子產生幻想時，那實在是別有用心地撒謊。

孩子為什麼會撒謊？我們不得不把一實質性的問題展開來討論。其實，要弄清孩子撒謊的原因並不太難，因為孩子撒謊的背景比大人撒謊的背景要簡單得多。比較常見的是（一）學來的謊話（孩子會仿效）；（二）出於幻想偏造出來的（幻想與現實分不清）；（三）被逼出來的（父母長期的不信任，使孩子只能以撒謊來取得歡心）。

有時孩子撒謊是由於你不允許他們說真話。比如，當孩子告訴母親他不喜歡小弟弟時，母親就可能因為他講了真話而打他一個嘴巴。假如他到外面轉一圈，然後回來對母親撒一個很明顯的謊，說他現在喜歡他的弟弟了，母親就可能擁抱他、吻他，並說他是個乖孩子。孩子從這一經驗中得出什麼結論呢？他可能認為；講了真話要挨打，不誠實反而會受到獎賞，媽媽是喜歡撒謊的孩子的。

可見，對孩子來說，最重要的就是父母的態度。如果你要教育孩子誠實，那麼你必須兼聽孩子的令人愉快和令人苦惱的真話，必須鼓勵他表露他的真實感情，不論是正面的、反面的，還是矛盾的。

如果你想讓孩子認識到撒謊並不是一件可怕的、不能談論的事情，它與其他事情一樣沒什麼了不起，那你就必須學會正確處理這件事。

第一式 我們不要扮演檢察官，用許多的問話來逼孩子承認某件事，或者過分誇大某件事。當你發現孩子借圖書館的書過期了，不要問他：「那本書怎麼還在你桌子上？」而應該說：「你借來的書過期了。」又如，當學校通知你，孩子的考試沒有及格時，這樣說很不合適：「你的老師和我談過了，你這次考得是不是很糟？」不如直截了當告訴孩子：「老師告訴我，你這次考不及格。我很擔心、很想幫助你？」然後再問他「為什麼」？知道原因更能對症下藥。

第二式 如果孩子正處在三至六歲的年齡段，當他產生不切實際的幻想時，你用下面的方式說話，他一般會做出愉快的反應：「你以後可以當個小作家，你很會編故事哦，你也可以說給弟弟聽！」

第三式 當孩子告訴你，他聖誕節時收到一隻作為禮物的大象，你可以這樣回答他：「你是希望得到一隻大象！」這比證明他是一個撒謊的孩子要有更大的幫助。對謊言的成熟反應應該是：與其否認謊言的內容和給撒謊者「定罪」，倒不如了解謊言所反映的含意。從謊言得到的情報，經常可以用來幫助孩子區別現實和虛幻。

第四式 假如孩子對你說：「我的作業做完了，我能出去玩會兒嗎？」而你發現他的作業沒有做完時，不要咬牙切齒地說：「你為什麼撒謊？你這小淘氣！這樣不乘會變成壞孩子！」記住你不要再譴責他了，而應該說：「我想你告訴我家庭作業做完了，是因為你很想和小朋友玩，而你又害怕我不讓你出去。有時，你告訴我要做什麼，我也會同意的。但是，如果你再這樣做，那你就會失去一星期的零用錢。」反覆強調你的觀點，對教育撒謊的孩子是最為有效的。

第五式 如果孩子經常用一些謊言來騙你，而你又十分清楚他是在吹牛，他只是想讓你相信他在這方面做得非常出色。你不必直接揭穿孩子的謊言，老說：「我不相信！」要這樣說：「你想讓我相信你做了一些了不起的事情，我是知道的，不過，我比較喜歡你好好說出事實是什麼。」

第六式 讓孩子知道問題的關鍵是：如果你做錯了什麼事，那也沒必要過分擔心，我希望下一次你能把實情告訴我，這樣我們便能一起把問題解決好。要解決好問題，而不是處理他的說謊行為。為什麼他不向你表達真實感受呢？這才是問題所在。

如果孩子已習慣於向你撒謊，那麼，上述方法非常重要。如果只是階段性地說謊，那麼，最重要的事情是不要小題大做。更不要挑起孩子防範性的撒謊，也不要有意給他以撒謊的機會。發現孩子撒謊時，不要做出歇斯底里的反應，或者一味地說教，而是面對事實，現實些。我們要讓孩子知道沒有必要向我們撒謊。

第 8 招

帶孩子上街購物時……

每當你興致勃勃地帶著穿著一身漂亮衣服的孩子上街，如果你幻想他安安靜靜地跟著你完成這次到大賣場的購物計畫；幻想他幫你從貨架上取東西給你；幻想他會幫你提著一袋洋蔥；幻想他不會吵著要電視裡看到過的那種玩具、那種食品，那麼，這回你的如意算盤可就打錯了。

孩子的如意算盤打得更精。他會和臘筆小新一樣：我又能上街逛商店買東西了。他會記住電視節目竭力推荐他去買的每一件玩具，每一種食品。他在賣場中聲尖叫，跑來竄去，他在尋找他喜歡的食品，並賴著媽媽給他買好多好吃的東西。但當他發現根本不是那麼回事時，他便會大發雷霆。

和孩子出門購物，他會碰上形形色色的事物，看到許多長相不同的人，他也願意與人搭話，並對那些顧客或營業人員品頭論足：「媽媽，那個女的好胖！」或「那個男的長得那麼醜！」更有甚者，他還會盯住一位滿臉麻子的人猛看，並奇怪為什麼他臉上有那麼多的小點。他這樣做並不是出於調皮搗蛋，而僅僅是好奇。事實上，生活中的一切對他來說都是新鮮的。三至六歲的兒童還不懂得控制自己的言行。

當孩子在這些場合已有過一次失控行為時，你就必須在第二次帶他外出購物時，告訴他應克制的行為。你的首要任務是教他在賣場裡該怎樣做。切記購物的是你，而不是他。

第一式 最好的辦法是：在你沒有充裕的時間可以好好去逛賣場時，儘量不要帶孩子去買東西，如果孩子不聽話，就更會增添你的麻煩。哪裡會有那麼多時間去和孩子爭辯應該買這不應該買那（也不宜在眾目睽睽之下教訓孩子）。如果你滿足了孩子第一次要求，就將會有第二次，第三次……

第二式 如果在星期天或時間充裕的時候，帶孩子外出購物，就必須提前向孩子講明規則。他必須和你待在一起並照你說的辦。不許他在走道上衝來衝去，更不許他隨便亂拿東西塞進媽媽的籃子裡。他也許會圍著玩具架子轉悠，並挑選幾樣玩具，這時你可以對他說：「我打賭你希望你能把整個玩具都搬回家去。但是今天沒有買玩具的預算，不過你可以買一盒小熊餅乾！」

第三式 告訴他，如果他不老實的話，你可以先停止採購，問他是不是先帶他回家，因為他不守規矩，還是他要不要改變？這是你給他改變行為的一次極好機會，問他是否想再試一次。如果他這次也做不好，你只需告訴他：「我想你還是沒有準備好。」然後立即帶他回家，作為懲罰。

無論何時，如果你懲罰孩子時虎頭蛇尾，那你不但改變不了孩子的行為，你還會失去自己的威信。

第 9 招

不要騙孩子上醫院

每個人的一生，都會不可避免地患上這樣或那樣的疾病，誰也不可能保證他這輩子都不會進醫院。可是，在對待看醫生的態度上，各人有各人的看法。不過，孩子的看法，在很大程度上，都是從大人所流露出的情緒中得知的——看醫生並不是件令人愉快的事情。遺憾的是你根本沒有意識到這一點，孩子常常可以聽到你抱怨：「見鬼，我的牙壞了，我看不得不去拜訪那該死的牙科醫生了。」以及「哎呀，又要去搞什麼體檢，我真害怕見那些護士。」、「上次有個護士要打針，竟然找不到我的血管，扎了好多次，真是受罪……」孩子從你的話中得知，醫生、護士或者醫院不是一個好玩的地方，而是給人帶來焦慮、痛苦的地方。

孩子生病，的確是件令你十分頭痛的事，如果你不告訴孩子會發生什麼事的話，他會認為你在欺騙他。你告訴他，那個醫生只是給他檢查一下身體，而沒有提醒他，護士可能會給他打上一針。由於疼痛和恐懼，他凌厲的尖叫聲可以從一樓傳到三樓。等到了第二次，他見到穿白大褂，手拿聽診器的醫生後，會跑得比火箭還要快，他還會裝著若無其事的樣子，根本就不告訴你他拉肚子已經兩天了（這只是五至八歲孩子可能做的）。

力求不讓孩子知道他要去看醫生的原因，是我們自己體會到看醫生確實是一種痛苦，然而你又不能不那樣做，至少你還可以把孩子領到醫院裡來，你明白，這樣做更增加了孩子的抵觸情緒，他不願與你合作。於是，你很希望能有一個更好的辦法來幫助孩子避免這種恐懼。

第一式 孩子生病了，或者手臂僅僅擦破了一點皮，你不必大驚小怪，對孩子表現出過度的同情和緊張，否則，小孩子會不知所措，對病痛更加敏感，從心理上就給孩子一個不好的預示，使孩子增加本來可以避免的緊張情緒，如此，他還會同你走進醫院大門嗎？所以，你應該鼓勵孩子堅強起來，小的傷痛可以忍耐，萬一要去看醫生，也要積極配合醫生，告訴孩子，只有這樣，你明天才能到學校去。

第二式 去醫院看病前必須先讓孩子有所準備，提醒他，你要帶他去看醫生，如果避而不談這問題，用各種手段騙孩子去醫院，只會給孩子造成恐懼心理，而且那樣一來，他就會失去與這種恐懼做鬥爭的機會了。

第三式 切忌欺騙孩子。不要騙他：「一點也不疼。」或「那個醫生只是想看看你。」你應該先與醫生交談一下孩子的病情，當醫生告訴你這次檢查時間會較長，而且還會有一定痛苦時，那你絕對不要對孩子撒謊。如果想安定他的話，那麼，你應該說：「是的，檢查可能有點不舒服，時間也許會很長，但我會一直在這兒陪著你。」

如果孩子還不滿六歲，你可以通過遊戲讓他明白將要發生的事情。你可以用玩具注射器和聽診器，給孩子做做示範，告訴他哪裡疼，哪裡不疼。做示範時，要以一種有趣的方式進行。讓孩子的征服感（克服心理）消除他的恐懼感。

第四式 在孩子的整個檢查過程中，你一定要注意自己的行為。如果你對他的怨言表現出煩躁，那只能增加他的焦慮。你的任務是讓他明白你能消除他的煩惱、焦慮和痛苦。例如，你可以對孩子說：「我知道這會不太舒服，但有時我們不得不做我們不喜歡做的事情，不過看完醫生以後，你的病就會好了。」你可以用的親身經歷，來開導孩子。如果你說：「我以前也是一個最不愛上醫院的人，可是，不看醫生，誰也解決不了我的牙痛問題，你瞧，我現在不是什麼東西都能吃了嗎？」

第 10 招

早晨，不要和孩子爭辯

首先我們必須弄清楚「早晨」對成人和孩子各意味著什麼。當你對孩子高喊：「該起床了」、「準備上學去」時，你以為他明白這時該做些什麼嗎？以為孩子只要知道你期望他幹什麼就夠了嗎？其實，根本不是這麼回事！

當孩子看到你跑來跑去，又喊又叫，讓他換衣服時，他會認為不必換，或是你對他說：「你快要來不及吃早餐了！」這類話對他沒有什麼意義，他才不管吃不吃早餐、上學是否會遲到。每當遇到這種情況時，我們該做些什麼呢？

第一式　不要在另外一間屋裡高喊：「快起床，準備去上學，否則你會遲到的！」這樣警告也許有用，但重要的是應提前制定一套簡單而有連續性的計畫。否則你得每天早練習嗓子了！如果你過去沒有這麼做，那麼，你現在該明白叫你和叫你的孩子去做什麼事是有區別的。

第二式　告訴孩子，起床後首先要做的事是穿衣服、刷牙、洗臉、吃早餐，而不是看電視、玩遊戲、在自己房間裡磨蹭。你可以抽時間看看孩子起床和洗漱的情況，有時候你不得不監督他做這些事。但不要高聲喊叫：「你為什麼還不穿衣服？」而要這麼說：「如果你不按我的要求去做，你今天放學回家以後就不能看卡通了。」當然，採取什麼樣的措施，要根據孩子的具體情況而定。如果孩子不想自己穿衣服，那你就先幫他穿，讓他知道，無論怎樣又哭又鬧，你還是要堅持自己的原則。如果孩子總讓你在早晨困難重重，那麼你就要讓他明白，他看電視和外出遊玩的時間會越來越少了。請記住，「幫助」你的孩子按計畫行事直到他能自覺去做為止，這要比一邊沖牛奶，一邊在廚房裡喊上十幾次更為有效。

第三式 不要聽孩子的辯解。無論他說什麼，你只須強調：「現在是穿衣服的時候，有什麼事，等你穿好衣服再說。」你要想得到預期的效果就只能這麼說。不要嘮嘮叨叨地訴說，也不要追問他究竟為什麼還不穿衣服——不要和孩子爭辯。有些事必須尊重孩子的自主權，但這時，你沒有必要給孩子辯解的機會。

第四式 在上學校途中，如果孩子仍試圖以各種藉口拖拉時間，甚至乾脆賴在玩具店門前，你必須採取一定的措施來懲罰或者讓他乾站在玩具店門前，既不容許走動，也不給他買任何玩具，直到他自己覺得這樣下去毫無意思；或者帶他回家，罰他上午不能去上課，不能和小朋友見面了，要讓他知道你這樣做，全都是他的行為造成的。

告訴孩子，你真心希望你們倆的早晨都能過得稱心如意，快快樂樂出門。告訴他，你會儘量做得更好，同時，也鼓勵孩子，你相信他也能做得更好些——你的信任會使孩子做得更出色。

第 11 招

不要被哭鬧所要挾

孩子會利用父母的弱點，迫使雙親答應他的要求，的確令人叫絕，其戰術之一就是哭。

不能說從來不哭的孩子就是可愛、聽話的孩子。

哭是一種有利健康的發泄。當孩子心煩意亂、悲哀、困惑時，通過哭來發泄這些情緒是被允許的，也是可以理解的。但是，當孩子總是用這種方法作為發泄受挫情緒的方式或以此來要挾父母時，父母就有必要幫他們控制自己或制止他們的無理取鬧。

儘管孩子哭鬧的原因很多，歸結起來不外乎以下幾種：（一）是孩子身體欠佳，情緒不好，精神不振。像一至三歲的孩子，當他受到挫折、不能自行其是時、覺得被誤解時，或感到害怕、慌亂時都會哭。如果孩子是由於真正受到了驚嚇而哭泣時，那我們應以激勵、溫柔、愛護的方式來處理這種情況。（二）孩子性情懦弱、意思志不堅強。對這樣的孩子要設法增強他們的體質和意志，並幫助他們學會控制自己。（三）他們把哭當作要挾父母的「武器」，這樣的孩子大都嘗過哭的「甜頭」。孩子知道，凡事只要一哭就有求必應。日久天長，他們就形成愛哭的毛病，孩子年齡小，控制自己的能力差，他們的情緒很不穩定，容易衝動，如果成人經常遷就幼兒的要求，就不利於他們自己去控制情緒的衝動性。

不要問他為什麼哭，通常，這只會使他哭得更凶，而無法阻止他。因為這樣做父母不僅沒有注意到自己對孩子的影響，而且也沒有意識到在某些情況下孩子們有權這麼做。

第一式 分析情況，找出原因。如果孩子是由於幼稚而不停地哭鬧，那麼，你對他們的態度應該是溫和、友好的，你沉著地摟住他則是幫助他克服困難的方法之一。這裡說的是摟住，而不是抱，否則，這反而更加強化他的無助感。站在他的身旁，用手臂摟著他，對他說：「我摟著你，是因為我看出你心情不好，但你應控制自己，你已經哭了10分鐘了，想你該很累了。試試，看你能不能控制住自己。」

第二式 孩子不停地哭，常常使父母感到心煩。通常，家長最易採用的辦法就是：訓斥一頓或一味遷就，這都不能改變孩子哭的行為。因此，孩子哭得很厲害時，你應該首先穩定孩子的情緒，用轉移注意力的方法消除孩子的消極情感。在孩子情緒基本穩定之後，調查清楚孩子哭的原因。你必須作耐心細緻的工作，教育孩子遇事不要哭，告訴他們哭是沒用的。

第三式 許多孩子都喜歡用哭來要挾父母（他知道這是父母親的弱點），如果你遇到這樣的孩子，你一定要下定決心不「上當」，絕不能讓孩子的無理要求得以蔓延，否則，你永遠也治不了「哭孩子」的毛病。

孩子哭，就讓他哭，不去理睬，哭過一次後，你就對他說：「我知道，當你得不到你想要的東西或我們沒滿足你的要求，你就忍不住要哭，我盡力幫助你控制自己，但到現在還不行，所以，從現在起，我要定個新規矩：當你要哭時，你必須去自己房間裡哭，直到你哭完為止。等你不想哭時，我就讓你出來。我們可以好好商量你的問題，但是，一切無理的要求我都不答應你的。」

第四式　如果孩子走回自己的房間並打算從此控制自己，那麼你應該訴他：你看得出來他正在努力改正錯誤，他已經做得比較好了。你相信他能控制自己。

有時，不需把孩子送進他的房間，也不用對他進行懲罰，他就能理解，並努力去控制自己，特別是當你這麼說的時候：「當你哭鬧或不高興時，我儘量不生你的氣，因為大人都知道，生氣對事情並不能有什麼幫助！你何不坦白告訴我，到底你是為什麼，或是想做什麼，讓我們一起來想辦法。」

第12招

不要讓孩子無所適從

當我們教導孩子時，夫妻雙方理應配合、協調一致，不要各執己見、爭論不休，使孩子茫然不知所措、無所適從。如果有分歧，則背地裡應進行調整，不當著孩子的面去反擊、斥責對方，那樣只會損害對方的威信。

做父母的，由於學識、閱歷不同，在養育、教育孩子的問題上，就容易產生意見不一的現象，有時甚至是衝突。比方說：父親認為應當給孩子多吃肉，母親認為應當讓孩子多吃蔬菜；媽媽認為應當給孩子多穿衣服，免得著涼得病，爸爸卻認為應當少穿點，可以鍛鍊鍛鍊身體；孩子思想品德上出現小問題，父親認為應該防微杜漸，母親則認為「樹大自然直」，對孩子不必苛求……產生這些分歧並不奇怪，許多父母也常常會在衝突過後，才覺得自己的處理方式法欠妥。

儘管形勢並不是隨父母的意志向前發展，但我們有必要澄清這一事實，統一合作，而不是互相唱反調。

家長如果對兩個相互抵觸的要求猶豫不決時，他就會發現自己不能左右孩子的行為了。許多時候，衝突是由於父母對孩子應該做什麼的意見不一致時才發生的。這個問題並不重要，重要的是父母雙方都必須回顧一下自己曾對孩子說了些什麼。例如，父親對孩子說：「瞧，亂七八糟的，還不快去把你的屋子收拾一下。」而母親卻回說：「唉，他還小嘛，等一下我再來收拾吧！」孩子聽了父母的對話以後，當然絕對不會去收拾自己的房間了。

在這種情況下，顯然一個家長是在否定另一個家長的指導。為了報復，被否定的家長則往往會反對對方認為是重要的事情。因此，在這樣的家庭裡，孩子將不斷得到有矛盾的指示，因而他的行為將不能使家長雙方都滿意。於是，孩子被迫決定究竟要聽從哪一個家長的話。對於需要以及希望得到父母雙方贊同的孩子來說，這是個很困難的處境。這時，唯一的辦法是，父母只要求孩子具有他們各自認為是最重要的一些行為。這就意味著，他們必須確定哪些行為是重要的，而哪些則無足輕重。還意味著，父母雙方必須互尊重對方的意願，並避免干涉或否定對方對孩子的教導。

第一式 父母對於孩子應該和不應該做什麼具有不同的看法是很自然的。這些不同的看法，如果得到正確的處理，不僅不會引起衝突，還能使孩子得到更加全面的指導。例如，一位母親可能強調學習成績，而父親則希望孩子在家裡擔負一些具體責任。在這個環境下生活的孩子，可能被寄予很多的期望。然而，如果這些期望是現實的話，那麼，這種孩子就要比由於使一個家長滿意將意味著使另一個家長不高興的孩子要好得多。

第二式 在管教孩子的問題上，父母雙方應步調一致。這既不是嬌慣縱容的一致，也不是訓斥打罵的一致。為了孩子，父母應在孩子不在場的時候協商一致，或者取得通融，切不要在孩子面前鬧矛盾、唱反調。在父母態度堅決、言行一致的家庭裡，孩子很快就懂得，試圖使父母對其放任、我行我素，只是在浪費時間罷了。

第三式　父母在孩子面前要互相尊重，維護雙方的威信，沒有威信的父母是不可能教育好孩子的。為了使孩子更好地接受父母的教育，父母雙方要互相尊重、愛護，維護彼此的威信。例如，孩子背後議論母親，父親聽了，絕不能默然處之，而應批評孩子：「有意見應直接跟母親提出來，不該背後講。」總之，夫妻倆要常常交換各自對撫育孩子的看法和對孩子的批評，以求得一致的教育思想、教育目的和教育態度，這樣，才有利於孩子健康成長。

第13招

不要強化孩子的自私意識

有人說「自私是人類的天性」，這話可能失之偏頗，但小孩子就會產生自私意識，這一點卻是確定無疑的。

要改變孩子的自私心，必須花上一段很長的時間。一個剛學會走路的孩子與一個能體諒他人的大人，他們的思想是絕對不相同的，因為孩子還不懂得別人的思想和感覺，只是做著自己所喜歡的事。

嬰兒就已經知道要母親撫愛他、抱抱他、親親他。當他疼痛時，更需要人撫愛他。他期待著對他的關懷、愛撫。令他感到舒服、放心的是他深信，在任何情況下媽媽或爸爸都會跑來幫助他，保護他不受人欺負，防止出現不愉快的事。另一個極端卻是一個在沒有愛撫的家庭裡成長的男孩，在長大之後，做了一家之主，他在自己對妻子的關係上，仍將保持一種冰冷的、有時簡直是無情的態度，這樣的丈夫不關心家庭和孩子，他關心的主要是自己的舒服。

這是個很普通，很容易養成孩子自私自利行為的例子，也是做家長常犯的錯誤之一。還有，當孩子已經養成了自私自利的行為後，我們常常不分析造成孩子自私自利的原因，便找出這樣一個相信流行的理由：「家裡只有一個孩子，一切都是為了他，為他而活，為他而工作，於是，他便長成了這麼一個自私自利的人。要是有兩個、三個孩子，什麼都均分，他們就知道想到別人了。」其實，這只不過是掩蓋我們的無能或過錯的最簡單不過的辦法而已！

當家裡有兩個或兩個以上的孩子時，你們卻又為孩子們經常表現出來的不尊敬別人的態度而擔心——他們為了玩具或別的什麼而爭吵，甚至動手。

這一切都是自私自利的表現，為了孩子們的未來，為了他們能成為心胸寬闊，大公無私的新一代，不要因為孩子們的自私而痛責他們，你可以用下列方法試試看——

第一式 停止責罵和毆打，不要用強迫的手段，倘若你常常反對他們所做的事，他們就會由恐懼而變成反抗，切不要成天對他們大聲吼道：「不許碰這個！」「不能動那些！」這樣他們的反應（行為）會越來越糟！

第二式 儘可能的讓孩子們解決他們自己的爭論和矛盾，假使你一定要參加發表意見的話，那麼，你可以作一些使雙方和解的妥協方案，不能袒護任何一方。

第三式 給孩子創造與他同年齡的小朋友一起遊玩的機會，說明他的玩具是可以和他的玩伴共享，並且特別為他找一個盒子或其他「安全」的貯藏所。不過，你可能講一個故事給他聽，大意是：有一個小姊姊和她的妹妹常常交換玩具，她們的媽媽覺得十分地愉快。

第四式 從兒童身上正在形成的「我」的情感中可以看到，他們的利己傾向已在發展之中。如果這種情感沿著自私要求的道路發展的話，這種傾向將會愈演愈烈：「全都給我，一切都是為了我」、「除了我之外，任何人都不應當成為注意的中心」。我們有時會有意識地培養了孩子的自私自利的行為：「不必把自己的玩具借給別人。」、「你幹嘛請來這麼一屋子的朋友！」、「別那麼沒出息，你可以回他一拳啊。」這樣我們就是在培養無道德、唯我獨尊的人。

第五式 和孩子一起乘大眾交通工具時，父母本身不應對座位表示太關心，應站著做好孩子的榜樣。如果讓孩子早日根絕對大人的撒嬌想法的話，在車上讓他站立的訓練應是最好的教育機會，但對想要座位的孩子，不應加以責罵，當他有了座位，看到老弱殘障、孕婦時，要鼓勵他站起來讓座位。（當他讓座時，你可以當著眾人的面前，當場肯定他、誇讚他。）在最初就培養他不想坐的習慣才是最理想的方法。只有這樣，隨時隨地地防止孩子自私心理的滋長，才能在日後的生活中表現出無私的境界。

第 14 招

性教育從嬰兒開始

性教育的問題一直是個敏感的問題。許多家長認為：孩子到了一定的年齡——也就是青春期時，傳授一些基本的生理衛生知識，警告男孩子性病的危險，告誡女孩子懷孕的危險是很必要的。然而，等到青春期再進行性教育就已經太遲了。

由於孩子們從很小的時候起就已有了性意識，所以你從一開始就必須正確對待這一問題，即使本身知識不足，也要努力去學習，這是很重要的。

嬰兒從出生起就對撫摸其身體具有快感，同時對性的態度也在這個過程中形成。這說明孩子們的確從很小的時候起，就開始對性表現出了興趣，並常以天真的、不恰當的方式公開表露。儘管他們對自己以及周圍成年人的身體感到好奇，但奇怪的是，他們並不專門去想這些事，一旦他們有某種想法時，便很自然地表現出來，而家長們卻很少注意這一細節。

對性的探索是兒童成長過程中的重要組成部分。他只是想弄清楚為什麼自己是有性別的，為什麼父母也是有性別的。這些想法都很正常。

當孩子對性的問題產生興趣之後，他們自然會產生種種疑問，這時，孩子已經能夠聽懂，並且能隱隱約約地去理解這些問題了。而有些家長不能滿足孩子的好奇心，也羞於啟齒儘量迴避這些問題，這不僅僅是因為懶惰，而且還說明他們的態度不夠端正。

回答孩子有關性方面的問題，要認真慎重，用最簡單、直接的話來回答，不要敷衍了事或因羞澀而迴避這類問題，就以最自然最普通的態度來討論它。任何情況下都不要講：「等你長大了，自然就會懂了。」諸如此類的回答，會引起孩子們更強烈的好奇心，造成不健康的心理，促使他們通過不正當的途徑，在那些被歪曲的、淫穢的陰暗角落裡，尋求答案。

任何情況下，回答孩子的有關性的問題都必須簡明扼要、直接面對它，這是唯一的原則。

第一式 幫助孩子正確認識性的問題。告訴孩子，不要把性看得神秘莫測，也不要認為它無關緊要。在生理方面，男孩子嗓音變粗，長出鬍鬚和陰毛，出現遺精；女孩子月經來潮、乳房發脹等。在心理方面，男女雙方都會出現熱情、易激動、好奇、富於幻想、愛慕異性等現象，男女青年到了一定的年齡就要結婚，開始過性生活等，這些都是十分自然的。

第二式 不要以為你必須回答每一個問題，要弄清楚哪個問題是必須回答的，而哪些問題又是不需要回答的，這對你來說是很重要的。在某種程度上來說，也避免許多錯誤的出現。例如：你的孩子會握著自己的生殖器很長時間，你警告他了，但他仍不鬆手，並問：「我為什麼不能這樣？」不要長篇大論地說假如被別人看見，這會多麼可怕，或者墮落云云，這是一個無須回答的問題，因為他想告訴你的是：他就是想握著它。你可能會覺得為難，因為你面對的就是性，其實你只需說：「我不允許你這麼做，這是我的規定。這沒什麼可解釋的，就像你小時候喜歡吸吮手指一樣，這不是個好習慣。」對待孩子的性行為要像對待其他行為一樣。孩子只是出於對性的好奇，他只是想弄清那是怎麼回事，一般都不會走得太遠，如果你教育恰當的話。

第三式 對於用手淫來滿足自我需要的孩子（無論男孩或女孩），你都無須過多的擔憂，你應該像處理其他錯誤行為一樣處理這種行為。

對手淫的孩子說：「如果你覺得需要撫摸自己時，我希望你能回自己的房間去，但不能在看電視的時候，或是當著我們的面。」這樣說，既沒給孩子下定論，又表明你對他做的事不感興趣。無形中給孩子增加一種壓力，但這壓力必須是溫和的，讓孩子自己去理解。

第四式 如果你的勸告和規定仍不能杜絕孩子和性有關的行為，你也不要擔心。可以告訴他，如果想了解男孩和女孩之間的差異，無論什麼時間，他都可以看書或提出問題，你將會很高興地和他談論這方面的事。

第 15 招

愛好，必要時也應割捨

課餘時間到底要不要讓孩子學一門才藝？是學鋼琴、還是學繪畫？我們的人生經常處於去做還是不去做某事的抉擇中。若遇到條件不允許而必須斷念作罷的事，就應該毅然決然地把它丟開。若沒有這種果斷的勇氣和決心，人生就不可能前進一步。

隨著孩子的發育和成長，自然會產生各種各樣的愛好。大人應根據孩子本人的興趣愛好，對其他進行有關的課後輔導，比如鋼琴、芭蕾舞、珠算、書法等等。與其放學後無所事事，到處閑遊消磨時間，還不如根據孩子的愛好和能力，選擇一項科目，只要家庭在經濟上和時間上允許，讓孩子學習不同才藝，對培養孩子的情操是有很大幫助的。

第一式 選定一項科目，不要見異思遷。選科目時，孩子的興趣和愛好是最優先考慮的條件。其次，父母親也可以提出參考意見，幫孩子選一項既愛好，又適合的藝術科目。但有些孩子，看起來對什麼都愛好，可是每進一個學習班，一旦學費繳完了也就不想再學了，這是最不好的習慣。我們知道，很少有人在幼年時學鋼琴，稍大些後又學芭蕾舞，長大後又到書法專業訓練班學習，最後在其他什麼專科藝術學院學習而能成才的。

第二式 音樂，應儘量讓孩子們早期學習為好，至少學什麼樂器，孩子可以有多種選擇。

在現代社會裡，若孩子喜歡鋼琴，那麼，家長不論自己從事的工作如何，都應盡力讓孩子去學鋼琴。當然，學鋼琴是十分費錢的，所以，還應看家裡的經濟情況而定。若經濟條件不允許，最好還是作罷！

有些孩子能理解父母的難處，就對家長說：鋼琴太大，搬動起來很不方便，所以他認為學習大提琴或吉他比較合適。不過，如果考慮到學費以及樂器價格的負擔等等。因此，我認為學一學笛子、口琴也是蠻不錯的。

不過，鋼琴最富於象徵性和憧憬，這就看家裡有無鋼琴了。要知道，並不是所有的人都會成為鋼琴家，也並不是所有的家庭都要在飯後邊彈鋼琴邊唱歌，更多的時候鋼琴反而成為一種擺飾。

第三式 也有這樣的情況。雖然孩子想學某種課外藝術，但家庭的經濟條件卻又不允許，這時，應把家庭的經濟情況向孩子說清楚講明白。讓他死了這條心。當然，這可能對孩子是個重大打擊，但孩子在人生的長河中，各種失望和挫折還等待著他。用這種辦法，讓孩子體會第一次遇到的挫折並去克服它。

有時候，挫折不一定是壞事。日本著名的女作家林芙美子兒童時酷愛音樂，但因家裡沒有樂器，放學後就先不回家，而是待在教室練風琴。為此，曾被教師嚴厲地訓斥一頓。

據說，那台風琴是用有錢人家孩子每月給教師的謝金購買的，而且只許用於教學。對於拿不出謝金的林芙美子來說，是絕不允許摸那台風琴的。

林芙美子自那時起，便斷了學習風琴的念頭。但她卻從無須任何教學器材的寫詞作曲中找到了自己的樂趣，這就為她後來成為著名作家而邁出了有決定意義的一步。

若家庭經濟條件不允許，但孩子一定要學音樂時，就應勸導孩子，在其他好多方面仍可發揮自己的才能。我們的人生，經常處於去做還是不去做某事的抉擇中。若遇到因條件不允許而必須斷念作罷的事，就應毅然決然地把它丟棄。若沒有這種果斷的勇氣和決心，人生就不可能前進一步。那麼，使孩子從小就養成這種性格不也是很有益處的嗎？

第四式 如果孩子對音樂和其他藝術都沒有興趣，那麼，父母也不必硬逼孩子去學什麼鋼琴、舞蹈的。強扭的瓜兒不甜，興趣是逼不出來的，而沒有興趣什麼東西也學不好。

另一種情況是，孩子可能對某一種樂器有興趣，但缺乏這方面的天賦，雖經過努力，學習效果仍很差，在這種情形下，也沒有必要硬著頭皮學下去。

如果不具某些必要的條件，與其讓孩子去接受某種課外訓練，倒不如讓他和同學們在一起玩耍做遊戲更好。因為在玩的過程中，孩子們會動腦筋，發揮自己的創造性，會豐富自己的想像力。

第16招

一張畫勝過千百句說教

說服，也就是說理。教育以說理為基本特徵，家庭教育也是如此。孩子在三歲以後，其道德品質在「乖」與「不乖」的強化下逐漸形成，他們開始明是非，懂事理。這時，說理教育往往能收到很好的效果。

用道理去說服一個調皮搗蛋或品行不正的孩子，家長的說服方式和技巧往往能決定說服的效果。另外，也並不是每一個孩子都能馬上接受你的說教的。

我們知道，說服的意義，在於激發孩子們的感情、進取心和理想，而不是更多地去開發他們的智力，從而促使他們去做某件事情。它之所以有效果，是因為大多數人都是富於感情的，有進取心和自豪感的。當然大孩子尤為突出。

使孩子做某一件事情的有效方法，是指出那種行為的積極方面。孩子行為的目的是與孩子的一種需要、慾望、感情（如樂觀、恐懼、嫉妒等），或社會準則（如成為好孩子或像個大人）緊密地相聯繫的。換句話說，你勸說孩子去做某件事，是要對孩子說他需要達到什麼目的和這種行為與這件事有什麼關係，要使孩子感到是事情本身在吸引著他。

在提出要求時，要儘量緊緊地與孩子的感情、想像、慾望和個人的價值觀掛上鉤，而不是平平淡淡地用道理去說服，這就是說理藝術。

對孩子的說服教育，僅僅講真話去說服孩子是不夠的。一個好的廣告公司，總試圖將真話表現得生動活潑和戲劇化。而且，一個好的廣告人，往往通過解說、舉例和提出鑑定使真話變得更有生命力。腦子裡有了這些技巧，你就可以向你的孩子出示一張抽菸過多的人肺部的彩色照片，告訴他長大以後不要學抽菸。

第一式 當你向孩子提出某種要求時，你可以聯繫孩子的基本需要（好奇、歡樂、冒險、變化），對他說：「這很有趣，而且很容易」或「這是一件做起來令人很興奮的事」，如果孩子仍不感興趣，你可以繼續說：「總是吃同一樣的食物，你可能膩了，但這雖新鮮食物和平常的很不一樣。」或者「假使你繼續像這樣老是欺負別的小孩，以後就會沒有人願意和你玩，你就會感到很寂寞的。」

第二式 運用「適應潮流」的方法影響孩子，利用孩子的慾望，使他和別的孩子在一起，並能為別的孩子所歡迎。例如，你可以說：「孩子，看看這些統計數字，幾乎沒有人再像你那樣吃糖果了！」如果孩子覺得每個人都這樣做或不這樣做，他們就傾向於要「適應潮流」加入到大眾的行列中去。

第三式 父母應該利用孩子的「自我理想」和價值觀（成為有能力的、優秀的孩子）來要求他。既然大多數年齡小的孩子都希望像個大人和獲得一定地位，你就可以向他們挑戰說：「這對你來說可能太難！」或者「現在你還小，不能做這個。」利用孩子的「自我理想」，還可以這樣說：「你總是那麼聰明、好奇、特別是在學校，我很想知道是否你所感興趣的大學會給你足夠的激勵？」

第四式 在用道理說服孩子的時候，與其為孩子老是不好好吃飯的事，還不如貼出一張畫有非洲飢餓的兒童的圖畫，標上解說詞：「他們正在等待幫助！」

一張圖畫確實能勝過一百一千句說教。為了替代你關於孩子因小事爭吵或打架所作的長篇大論式的說教，可以試著在房間的鏡子上貼出標語：「要和平，不要戰爭！」如果是兄弟間吵鬧，標語可寫：「和平的關係從家裡開始」或者「你是否願意你自己像個好的兄弟呢？」

第五式 你還可以試試另一種引起孩子注意的新穎的方法。例如，搖鈴做出重要預告。還有一種引起孩子注意的有效方法是，孩子期望你做出怎樣的反應，你卻做出和他的期望正相反的反應來，當孩子發脾氣的時候，與其要求他安靜下來，不如對他說：「嘿！這看起來很可笑。」同時你自己扮演一個發著更大脾氣的人。通過這種出乎意料和令人驚訝的策略，可以消除緊張氣氛，並引起孩子的注意，鼓勵孩子改變他們通常做出的反應（如你剛扮演過的那樣）。

第 17 招

引導，是最好的教育

孩子最希望父母發現自己的進步，哪怕這種進步微乎其微的；孩子最希望父母儘快忘記他的過錯，哪怕這一過錯曾讓你十分惱怒。如果你能理解孩子這一微妙的心境，並能加以積極的引導，那麼，沒有什麼消極因素是不能化解的。

變消極為積極，這樣的管教方式，也許是許多家長常常疏忽的一種先進的教子方法，如果你帶著消極情緒去管教子女，那會使你和孩子都感到無法忍受。如果你所期望的是讓孩子完全明白、理解你對他的要求，而不是讓他感到不知所措或產生負疚感，那麼你是絕對不會讓這種情緒滋長蔓延的。

多數家長都自以為明白教子之道，其實不然，他們往往對孩子的不當行為過分嚴厲，而對孩子的進步卻毫無反應，你應該對孩子的進步給予表揚，哪怕是最微小的進步，這樣做也會使管教孩子變得更容易些。例如，媽媽說：「我告訴過你，別到處亂扔亂放玩具就是幫媽媽的忙。媽媽太忙了，你要是能學會收拾這些玩具就好了。」孩子說：「好吧，媽媽！我不是有意的。我再也不這樣做了！」「好孩子，這可幫媽媽大忙了！」於是，孩子跑回臥室，開始收拾玩具，但不一會兒注意力又被某件玩具所吸引。媽媽走進房間說：「你答應過我再不這樣做了。」做母親的並沒有責備或打罵孩子再次違反制度的行為，只是再次提醒孩子他有責任替媽媽分憂。

這就是更有效地互相溝通的成功例子。

當你陷入衝突時，便急於改變孩子的行為，同時還想轉變他的消極態度，這是可以理解的，當他對你的要求沒有立即做出反應時，你會怒不可遏，或被他的辯解激怒，而氣得不再理睬他，這都是人之常情。但對孩子的要求應該更現實些，孩子態度的轉變是很慢的，即使是大人也不會很快。

因此，學會運用變消極為積極的方法去解決你們之間的衝突，是再好不過的了。

第一式 肯定孩子的努力，並引導他的行為向正確的方向發展。一旦發現孩序的注意力轉移時，你該說：「我知道你開始時做得不錯，來，咱們把它做完，做好了之後你就有時間做別的事了。」繼續給予鼓勵：「你能這樣幫媽媽，媽媽真高興！」這樣，孩子明白自己怎樣做是對的之後，他就會努力幹好剩餘的活。

第二式 在心平氣和的氣氛中與孩子談論他的行為。比如，如果你和孩子在吃早飯的問題上發生爭執，你可以等他放學回來再談，你可以說：「我知道今天早晨我們鬧得很不愉快。我想心平氣和地告訴你我是怎樣想的，希望你能知道媽媽的想法，希望你以後能更聽話。」

風暴過後，孩子們大多會變得更聽話。這意味著你必須記住把爭吵過的問題回過頭來討論一下。你可能不想使孩子難堪，想儘快忘記所發生的事。如果真是如此，那你可錯過了一次極好的教育孩子的機會。這種心平氣和的交談可使你的孩子有時間明辨是非，同孩子交流溝通感情，除了增進孩子的親密關係，也可以找出解決問題的方法。

第三式 必須注意孩子行為上的變化（即使是那麼細小），而不能鄙視孩子，如果你讓孩子把房間打掃乾淨，而他未如你所希望的那樣儘快去做，千萬不要「凶神惡煞」般把他拖進房間，不要說：「這會兒別跟我嬉皮笑臉」，或者諸如此類的話。請記住：要多注意孩子們行為上的積極變化，並隨時給予讚揚。

這時，最好你不要去談論孩子應該有什麼的態度，先不說教，只簡單地說：「我知道對你來說打掃自己的房間很困難，但我很高興你聽我的。」這會讓孩子感到重要的是努力去做而不是怎麼回答家長，一但你能開始控制住他，你就可以著手改變他的態度。

第 18 招

觀察，是成功的開始

觀察是一種有意識，有計畫的、持久的知覺活動，是人通過感覺器官有目的地認識周圍事物的心理過程，也是人們認識世界的主要途徑之一。

父母親每天同孩子打交道，一般都很少注意他們的觀察力。似乎只有從事科學工作的才需要觀察力的培養，其實研究和培養孩子的觀察能力，也是父母教育子女工作中的一項重要任務。

看看下面的一個例子，七歲的哥哥和五歲的弟弟為是三隻雄獅、兩隻母獅、還是兩隻雄獅，三隻母獅爭論了半天，以致再次請求父母帶他們去一趟動物園。事實表明：哥哥說對了。孩子把觀察到的東西儲存起來的能力要隨著年齡而定。孩子年齡愈大，觀察力愈強，觀察得愈準，注意力愈能集中，也記得愈牢固、愈準確。

對於仔細進行觀察的能力的估計是研究孩子的一個重要條件。發展很好的觀察力可以使孩子更容易認識世界，幫助他們在周圍現實的各種環境中認準目標。

發展良好的觀察力，在孩子的整個智力發展以及個性形成當中有很重要的作用。為了自覺地指導這個發展，注視發展的過程，父母應該知道孩子的觀察力就他這個年齡來說，發展是不是正常。這個問題的最後結論只能由心理學專家來作。感覺器官（視覺、聽覺、味覺、觸覺和嗅覺）的活動如果受到損傷，就應該去找醫生。

鍛鍊觀察力，發展仔細的、有目的觀察能力，是所有的孩子都必須做的，而不限於發育上有缺陷的孩子。父親應該了解，他們的孩子是怎樣進行觀察的，孩子能不能與他的年齡和發育水平相適應來認識周圍的世界。因此，幫助和培養孩子的觀察力又是首當其衝了。

第一式 提高興趣。如果他對某事物不感興趣，而你強迫他去觀察，就只是觀而沒有思，其結果仍是「視而不見。」你可以以故事的形式來提高孩子觀察事物的興趣。例如，阿基米德洗澡時在浴缸發現了浮力定理，大科學家伽利略是怎樣觀察掛鐘擺動而發現等時性規律的，書法家王羲之從觀察白鵝撥水悟出運筆方法的，以及牛頓是如何從蘋果落地而發現著名的萬有引力的。

第二式 教會孩子觀察的方法。先看什麼，後看什麼。一般是由近而遠，由簡單到複雜，由局部到整體，有順序，有層次，有步驟，有系統地觀察事物。觀察時，要把握住共性和個性，要抓住特徵，用以比較事物之間的區別與聯繫。例如，柑、桔、橙、統稱為「柑橘」，但細心觀察，它們還是有區別的。儘可能使很多種感覺器官參與認識活動。觀察水果時，除了看看它們的外表，還可以切開，聞一聞氣味，嘗一嘗滋味。這樣，大腦從多方面綜合分析，印象就會加深。

第三式 為孩子創設一些觀察的條件。家裡種植花卉，餵養動物；假日帶孩子到動物園去觀察各種飛禽走獸；上街觀察各類車輛，各種行人等等。

總之，「觀察」不是視覺的一般運用，而是一種含有全面地看，仔細地看，深入地看的意識。年紀小的孩子一般只注意到事物的不同點，而忽略了事物的相同點。對稍大的孩子，則要求他觀察時留心細節，區別假象，排除錯覺，把握本質。孩子養成了觀察的習慣，加強了觀察的能力，對他智力的發展必定大有益處。

第 19 招

舉一反三的技巧

每個人在生活中遇到的問題，最終都要靠他自己解決。所以，從小就要培養孩子獨立解決問題的能力。並且，還要培養這樣一種技巧：即碰到每一個問題，都要能夠拿出一種以上的解決辦法，並從中選出一種最好的辦法。適應社會，可以看作是不斷地遇到新問題和設法解決新問題的過程。幫助孩子創造性地解決問題是有效地處理生活中問題的一種方法。我們需要使孩子有最大的興趣和勇氣去解決他們所遇到的問題，而不是期望父母去幫助他們解決所有的困難。從小經過適當的訓練，孩子就能學會冷靜地思考各種問題、解決問題。

第一式 找出問題和明確需要達到的目標。如果孩子在某件有意義的事情上出現退縮或作罷的情況時，你最好能作為直接參加者去幫助孩子找出問題，並制定一個明確的目標。心理學上有一個名詞，叫做「行動主義」，意思是說有了既定的目標，則可促使行動變得更積極，而且，目標越具體，行動的積極性也相對地增強。在行動過程中，你要經常地不斷地鼓勵孩子，告訴他，「這個想法很棒！」你很欣賞他的思考能力，同時希望他在做任何一件事時都能制訂出明確的目標，並盡力達成。

第二式 為了達到某一目標，拿出幾種準備解決問題的辦法。這是教育學齡前兒童特別重要的一種技巧。在解決問題的過程中，這一式是讓孩子對一個問題提出儘可能多的解決辦法。這樣將使孩子發展一種可貴的技巧，即在他們解決問題時，經常有一種以上的解決方法，並且都是比較好的。這些辦法通過孩子的實踐將更加完善，更加有效。

你可以向孩子提出一些假設的情況發展這種技巧。如；你可以問孩子：「假使有一個比你矮小的同學要打你，你怎麼辦？」然後鼓勵孩子對這一問題設想出儘可能多樣的解決辦法。孩子可能提出——

「我會避開他。」

「將他打回去。」

「反正我會不理他。」

「告訴他的媽媽。」

「告訴他打人不好，我不喜歡和這種人做朋友。」

「要求老師處罰他。」

你還可以向孩子提出這樣的問題：「假使一件好玩的玩具，一個男孩玩了一上午了，而現在他的弟弟要玩，這個問題該怎樣解決？」你也可以問你的孩子：「假設一個女孩不小心打破了她媽媽的眼鏡，她將怎麼辦或怎麼說，才不會使她的媽媽生氣？」如果你的孩子提不出很多的解決辦法，那麼，你可以想出更多的解決辦法來啟發他。

在你通過假設的情況發展孩子這種技巧，而沒有引起孩子的不安時，便可以要求他們對實際生活中的問題，提出些解決的辦法。但一定要使你的孩子（包括你自己），在這一過程中處於興奮狀態和感到有趣。對孩子提出的任何解決辦法，不管看起來多麼傻氣或牽強，都不要批評或嘲笑。更確切地說，要鼓勵孩子具有想像力和新穎的思想。你自己也要通過提供富於想像和創造性的解決問題的辦法，做出好榜樣。當孩子面對實際問題並試圖解決它時，一定要給予表揚；並表示你欣賞他的想法，如「這是個好主意。」

第三式 有了以上兩種準備解決問題的辦法之後，就要考慮讓孩子從中選擇，並對最好的辦法做出決定。這裡包括權衡可能發生的正反兩方面的後果，倘若孩子失敗了，不要說：「告訴你多少次，你就是解決不了，你有什麼用。」或者「真是蠢極了！」之類的喪氣話。

第四式 對於孩子所造定目標並實施時，這時，就要落實解決問題的具體措施，這一式是指導青春期孩子一種最好的處理辦法。任務必須明確，如：誰做什麼和什麼時候做，都要預先考慮好怎樣避免容易發生的錯誤。

如果孩子能獨自想出解決問題的最好辦法，那麼他們就是在實踐科學解決問題的辦法，這種肯動動腦子，而不是一時衝動地解決問題的辦法，是孩子性格發展的一個重要層面，我們要肯定他。

第五式 最後就是檢查解決問題的計畫，看它是否起作用。這是幫助孩子檢查計畫進行情況，必要時可修改或更換，你可以和他站在同一個立場上。

父母應在解決問題的態度和方法做出榜樣。當問題發生時，你可以對孩子說：「讓我們看看怎麼辦好，」不要說：「這真沒辦法！我不知道該怎麼辦好？」之類的話，如果孩子從積極的方面聽得多了，他們就能有效地處理問題。孩子喜歡幻想，如：「我希望神仙能給我很多零花錢。」這與面對實現解決問題的方法是相反的。我們需要從小培養孩子建設性的解決問題的態度，而不是用魔術般的方法去對待生活中的問題。換句話說，創造性的解決問題的技巧，要與「能夠做到」的精神相結合。

第 20 招

分數不再具有魔力

對孩子的分數，家長所持的態度各不相同，有的家長過分看重分數，不得 100 分就好像不可原諒；有的家長則持漠不關心的態度，以一種無可奈何的心境來逃避責任。這兩種態度都是不可取的。前者視分數為珍寶，必然會給孩子帶來壓力，同時也為自己平添了幾分額外的負擔；後者輕賤分數，只是一種表面的、暫時的瀟灑，失去的將是兩代人未來的幸福。

成績單反應了孩子一學期來的收穫與缺失，固然值得珍視，但任何過激的言行都是不必要的。

一個不及格的分數，會在某些家庭裡掀起很可怕的風波啊！母親的眼淚，父親的忿怒……可是，即使你對分數持十分關心的態度，也不能把50分視為一場悲劇。50分嘛，總是一件不愉快的事，對一個學生本身來說，是很大的恥辱，它不但會引起自責的情緒，還會引起家庭風波。

難道不是這樣麼？

當然，這並不是說，對於不好的成績應當始終保持沉默或表示同情，相反，你應該明確地表示你的態度，但這種態度必須不傷害你的孩子，並對他以後的學習能產生良好的影響。

第一式 當孩子的考試分數偏低時，你必須通過心平氣和的談話弄個明白：為什麼只得了50分，孩子自己對這件事是怎麼考慮的？到了這個時候，你的幫助勢在必行：提出建議，表示同情，或表示不滿。至於用什麼方式來表達，那就完全取決於家庭裡業已形成的關係。在一種情況下，皺皺眉頭或冷淡地沉默就夠了。而在另一種情況下，說幾句責備的話，或表示憤怒也是可行的。總之，在找出前因後果的同時，相信你有能力使用一重最有力的辦法來影響你的孩子。

第二式 提醒孩子，不應當在得了一個不好的分數之後就垂頭喪氣，這是意志薄弱的表現！如果孩子在第一次失敗時，就得到了你的鼓勵：深信自己，堅信一切都是可以補救的，那麼，你的提醒在幾次之後就一定會產生效果的。

第三式 95分或100分，這對你來說是窩心的。優秀的成績還應當在家裡得到誇獎，但最好要保持分寸。若是你津津樂道這95分或100分，翻過來倒過去地看，欣賞不已，彷彿這是祖傳的珍品。於是孩子就覺自己是家裡的功臣，是全家財富的主人。這樣的結局是可悲的。允許適當的齡獎和獎勵，更重要的是必須讓孩子對課程產生興趣，有求知慾，而不是孩子盲目去追求100分，不要把學習變為爭取分數的一場戰鬥。

告訴孩子，分數並不能代表一切，分數的高低與人的創造能力的高低並沒有必然的、內在的聯繫。這就是說，分數高的並不能斷定他今後一定有很高的創造能力，而分數低的也不能斷定他今後一定沒有較高的創造能力。

的確，「分數的魔力」是存在的，不過父母最好不要屈服於這種魔力。應當看重分數背後的東西。只有這樣，才能教導孩子學會客觀地評價自己的成績，而這一點對孩子未來的成人生活是非常重要的。

第 21 招

零花錢的特殊功能

生活離不開金錢，孩子的成長過程也免不了和金錢打交道。在家庭教育中，錢財有如江河湖水，既能載舟，也能覆舟，處理得當，它會給你帶來天倫之樂；管理不慎，則可能致使你家破人亡。研究表明，有小偷小摸行為的孩子，多半是生長在這樣的家庭環境裡：要麼是父母忽略了他們經濟上的合理需求，要麼就是沒有節制地給錢供他們享樂。

父母應該給孩子提供正規的、不過分的零花錢。它可以達到三種目的：（一）承認孩子合法的經濟上的需要；（二）培養他們的責任感和做出決定的能力；（三）了解金錢的價值。

從孩子五、六歲開始就可以象徵性地給一些零花錢。最好的方法是在每星期的同一天，給他以同樣數目的錢，這樣可以使孩子做到心中有數。如果孩子很小，你可以給他較少的零花錢，並且每一個星期分兩次給。究竟該給孩子多少零花錢，家長可根據每個家庭的經濟狀況而定，通常的情況，除偶然的請客、交通費用的開支、學習用品和業餘愛好所需材料之外，其餘都必須從零花錢中開支。

再重申一遍，給孩子零花錢既不是由於他表現好給他的獎賞，也不是他做家務事的報酬，更不是父母對孩子的賄賂。這是一種有明顯目的的教育手段：即通過零花錢的管理和使用，給他提供花錢的經驗。因此，在家庭教育上，應提出這樣的問題：怎樣安排孩子的零花錢和留心孩子怎樣花錢，以及如何解決這其中所遇到的問題。

第一式 有關零花錢的問題，你應抽出一定的時間，以公事公辦的態度和孩子進行討論，以使達成彼此滿意的解決辦法。告訴孩子，協議一旦達成，他就必須遵守執行。也要讓孩子明白，零花錢是你們家庭生活中一項規矩，不是父母對他施加壓力的一張王牌，也不會因父母情緒的好壞而隨意增減。

第二式 孩子最初花錢時出錯，以及買東西時欠考慮都是預料中的事。應該允許他們出錯，讓他從錯誤中吸取教訓。你讓一個剛學會簡單算術的孩子去買一瓶醬油，回家的時候才發現，找回的錢並不是應該有的那個數，你不必責怪他，只須說一句：「沒關係，慢慢來，下次要注意。」孩子聽了會覺得很內疚，在以後的買賣中，他一定會很注意（孩子如太小，也可以告訴他應該找回多少錢）。

第三式 給孩子的零花錢，不得超過你家的負擔能力。假使孩子提出異議，你可以誠懇地、富於同情地告訴他：「我是希望能給你多一些零花錢的，但是我們家的預算有限。」這是一種比較好的方法，要比試圖去說服孩子他並不是需要更多的錢好得多。

第四式 所給零花錢足夠支付孩子合理的開支。要把孩子的花費和需要放在心上，以便決定給他多少零花錢。這個問題，需要夫妻雙方配合默契。一個家庭必須有一個人主管錢，孩子的零花錢也應由這位主管來支付，這是防止孩子乘機多要錢的辦法之一。作為家庭主管也應懂得按時按量地支付孩子的零花錢，不致因為工作或家務繁忙而忘了這回事。

第五式 要鼓勵孩子自己額外掙錢（幫忙各種家務，可以給予報酬），因為這樣能使他們知道錢與勞動之間的關係。孩子知道了零用錢得來不易，他也就學會怎樣花錢和勤儉節約了。在孩子走入社會獨立生活之前，讓他們掌握計畫經濟，對他們的未來將會起到一定的輔助作用。

第22招

表揚的神奇效應

與成人相比，孩子更需要表揚，因為他的理念裡還沒有其他的價值觀，父母的表揚就是他最渴望的肯定。表揚和個人的喜好、贊成、欣賞並不完全一樣，它更為客觀，更有效地證實孩子行為的價值。

兩、三歲的孩子就喜歡「聽好話」，喜歡旁人稱讚他，表揚他，比如今天他穿一件新衣服，就要給他父親看；著了一雙新鞋子，就要給他的同伴欣賞。到了四、五歲的時候，這種喜歡嘉許的心理還要來得濃厚些。假使他不願意刷牙，你可指著一個牙齒潔白的孩子說：「他的牙齒多好看，多清潔，你若是天天刷牙，你的牙齒也會像他這樣整齊好看呢！」孩子聽了你的話，恐怕就要去刷了。若他告訴你：「我刷好了！」，你就可稱讚他說：「呀！你的牙齒是好白哦，看起來就是一個愛乾淨的好孩子。」他聽了必然覺得非常的高興，下次洗臉時就喜歡刷牙了。這樣的表揚，是教孩子方式中的一個重要特點，家長是否運用及時、恰當，這就要看你的教子藝術是不是高明和巧妙的了。

例如，在表揚孩子時，你要指出他們值得表揚的品質、能力或成就。表揚，還包括對孩子的行為或努力表示重視尊重。表揚和個人的喜好、贊成、欣賞，並不完全一樣，它代表著更為客觀的反應，它有效地證實孩子的行為的價值。用語言表揚孩子，像是「你做的事情是經過認真考慮過的」、「你真懂得不少科學」、「你打掃你的房間很努力」。非語言的表揚，例如：「做一個孩子體育成績的剪貼簿，或在顯著的位置陳列他的獎狀、獎品等。」

表揚能給孩子以他所需要的價值感、勝任感和自信心。這種積極的反應，對有自卑傾向和羞怯的孩子來說極為重要。如果父母能將孩子初步的消極反應，大部分改變為積極的反應，那家裡就會產生出一種新的氣象。人與人之間的感情起了變化，家庭成員都彼此靠近了，孩子吸取失敗的教訓和勇敢的精神也會增長起來。

當你表揚孩子時，你應該注意——

第一式 孩子由於作出了努力而獲得了成就，應立即爽快地給予表揚。但不要對他們做的每一件小事，都給予過多表揚。這就是說，不能濫用表揚，否則，就會失掉表揚的價值與效用，反不如不用為妙。

第二式 避免在表揚時加上消極的評語和進行對比，或習慣性的批評，致使表揚作用受到影響。例如，「這樣就好，可是為什麼從前你要那樣做呢？」或者「好啦、好啦你終於做對了！」這樣的表揚會使得孩子感到自己很笨。

第三式 不斷地尋找值得表揚的行為。假使過去你很少表揚你的孩子，那你對他的表揚不要如傾盆大雨，而要逐漸增加，使你自己或孩子都不感到造作。這一方式很適合於那些過去批評或懲罰孩子過多的家長，當你認識到以表揚的方式更能較快地改變孩子行為時，你可以試一試此方法。

第四式 表揚孩子時，你的態度應該是誠懇的、適時的。比如說，母親長時間地為準備一頓飯、為打掃院子、為整理房間等等，忙得滿屋轉時，她只要聽到丈夫對她的工作予以認可的一句話，就會很感激。孩子也是一樣，需要從別人那裡，聽到他們的努力和成就受到注意和重視。否則，他們就會慢吞吞地去做，或者做起來缺乏熱忱，變得消極起來。

第五式 當你使用以上的方式，使你的孩子表現好了以後，你還應該培養他們習慣讚許自己的另一種方法是描述他們的行為，這將會使他們感到十分高興。

如果把你自己放在孩子的地位上，你將會怎樣通過想像來表達他們的感情，來發揚孩子的自我評價的精神：

「看來你好像畫得很高興！」

「我想，你的老師也會認為你很棒！」

通過這種積極的反應，你不但能讓孩子意識到他們的努力與成就，而且能夠幫助他們加強判斷力和自信心，以及獨立思考的習慣。

第 23 招

警告，應該只有一次

假如你的孩子固執己見或屢教不改，可以在處罰他之前給一個警告信號。警告不能重複，最好在忽視了一個具體的、令人不愉快的後果之後才使用。但警告不是威脅，任何時候威脅都是不和諧的噪音。

小時候，常常聽到一些富有教訓意義的故事，其中《狼來了》的故事，更是大家所耳熟能詳的。這則警告孩子不可撒謊，不然會遭到報應的故事，對大人也同樣具有啟示效果。日本一位著名的經濟學家曾提示一項經濟教訓：「不確實的經濟預測及情報，反會引起無謂的經濟紊亂。」這裡想利用這個故事，對教育孩子的父母們提出一句警告：「時常使用威脅的手段來教育孩子，到頭來會自食其果。」

當然，管教孩子，賞罰分明是不可缺少的條件，父母吩咐的事情若完成了，就應予以獎賞，否則就應處罰，以此使孩子聽從命令。可是天下父母心總希望給孩子們獎賞，多半不願處罰他們。「下次如果考一百分，我一定帶你去動物園。」既已這樣約定，如果孩子真的考了一百分，無論如何都得依約而行。有的父母對孩子說：「把亂七八糟的房子收拾好，否則不讓你吃晚飯！」如此，孩子多半不會聽從，因為以前說好要處罰他的父母，還不是照樣給他飯吃。

如果孩子違犯了某種規則，只要加以警告，多少會有些效果。假使你的孩子堅持不服從命令或不遵守規定，可在處罰他以前給一個警告信號。但若每次都是口頭警告，而不付諸行動，孩子就會以為大人說的話都不算數，而失去警告的效果。因此，與其給他以含糊不清的威脅，或說類似恐嚇的話，倒不如給他一個明確的現實的警告。它包括兩個部分：（一）指出孩子不規矩的行為；（二）說明如果繼續不守規矩，不良的後果一定會發生。

第一式　向孩子提出警告時，你必須讓孩子知道他不服從命令的後果。例如：「這是一個警告，如果你再這麼說，你就必須回你的房間待五分鐘。」或者「我不打算再跟你說這個了。要麼別埋怨，要麼我們就離開飯館，你自己選擇吧！」

第二式　你警告的語調一定要堅決，並帶著一種不愉快的音調。你的聲音的實質要像你的信息一樣——應該是不動搖的和不贊成的，如果你的話實質是一個樣，聲調又是一個樣，孩子就會糊塗起來。

第三式　為了有效地警告，應該堅持使孩子承擔不愉快的後果。兩次警告之後，你必須實現你警告的處理，對孩子不威脅，也不姑息。假若孩子的錯誤行為屢犯不改，就不要再提醒和警告他，要立即要求他對錯誤行為進行補救或改正。

第四式　假若你要你的孩子信任和尊重你，那你應該採取警告的方式，而不要進行威脅。警告是實事求是的語言，而威脅則是一種會傷害人的、誇張的言語，用意在恐嚇孩子。例如，「假若你常常說謊，你以後一定會下地獄的！」警告有時候是必要的，但威脅卻從來不應該在家庭出現。

第 24 招

暗示，越多越好

在撫育孩子的過程中，不論是在孩子開始表現一種良好的行為，或是制止孩子一種恰當的行為時，都有無數次機會很好地對他們示意和進行暗示。即使是大人做某件事時，也喜歡別人提醒他。人們由一種活動轉向另一種活動時，經常需要一段準備的時間。要提醒你的孩子：他們在做一件事情時，事先能得有五到十分鐘的準備時間。

提醒和暗示是人們通過語言、手勢、表情、暗號等，對個體施加心理影響的過程。其結果，是使受提醒和受暗示者的心境、情緒、意志、興趣等發生轉變。

要幫助你的孩子提醒他自己在一定的時間要做什麼，而不是你告訴他們做什麼。要求你的孩子，說說你期望他們做的事情，也就是讓他們重述一遍你們約定的事，或你所期望他們做的事。

孩子是比較容易接受暗示的教育方法的，因為他們的可塑性比較強。因此，家長必須十分講究暗示方法。孩子常常會從家長的表情裡、語言中、動作上得到暗示。要注意給孩子以積極的暗示。比如，孩子跌倒時，暗示他：沒有什麼，勇敢地站起來。孩子生病時，暗示他：不要害怕，要頑強地戰勝病魔。孩子遇到困難時，暗示他：要有信心，要有毅力，一定能克服困難……

適時的提醒和暗示，有時會收到說理教育所難以達到的效果。請家長們細心琢磨一下，該怎樣給孩子以正確的提醒和積極的暗示吧！

第一式　口頭提醒。不要直接提出你的問題，而是間接地、巧妙地向孩子提醒下一步的計畫。例如，說：「喂，在五點鐘的時候，你應當幹什麼？」假使孩子忘記了，再作進一步的提示：「你還記不記得以前我們說過，現在你應該要做什麼嗎？」

第二式　口頭的提醒。在無聲的、非口頭的工不意中，提醒或暗示不孩子要表現出良好行為的方法有：（一）用一個指頭放在嘴唇前面，即示意：「請安靜。」（二）用一個手掌連續做幾次向下或向上的動作，即表明是請他要坐下，或站起來。（三）對孩子不守規矩的行為不贊成時，你可以利用眨眼、皺眉頭、手勢、咳嗽，以及身體的姿勢來示意。當你的孩子剛剛學會調皮的時候，你靠攏他一些，也是一種有效的示意。有時候需要拉一下孩子的胳膊或在他的座位上輕輕地動他一下。（四）當孩子講粗魯的話或有不合適的行為舉動時，可採用亮紅燈的辦法作為暗示。你可以說：「喂！你又闖紅燈了耶！」

第三式　在某些場合，暗示比說服教育還更奏效。作為家長，應當注意不要自覺地或不自覺地給孩子以消極的暗示，以免對孩子產生不良的心理影響。例如，你的孩子當著眾人的面前撒野，躺在地上打滾，你對他應是毫不理會。這是暗示孩子：你這種行為是錯誤的，不會得到同情。

第四式　要注意提醒或暗示不與嘮叨的區別。嘮叨是一個連續進行的令人不愉快的催促或挑毛病的斥責。提醒是當孩子在某事需要得到幫助、或由於他無精打采需要推動他一下時，給他的一種簡明的、非批評性和不針對個人的指導；對一件事情只應該提醒一次或兩次，同時，要儘可能平靜和注重事實，並儘可能不針對個人。

第五式　繼續提醒，直到孩子能控制他新的行為的時候為止。堅持你的提醒，並表揚孩子的依從。假使孩子對提醒仍然沒有反應，則要立即進行批評或輕微的懲罰。

第25招

體罰不宜多用

攻擊性行為，又稱敵視行為，在幼童中比較常見。就表面情況而言，當孩子需要維護他的安全、幸福或者獨立性時，便會出現這種行為。攻擊性行為，常會導致一方對另一方的傷害，這種傷害可以是心理上的，也可以是生理上的、孩子無緣無故的攻擊性行為常表現為試圖通過打架來控制他的小夥伴（打、咬、踢、扔東西、推拉以及吐唾沫等），或者言語上的攻擊（罵人、嘲笑、專橫霸道、毀損別人的名譽等等）。

經常表現這些行為的孩子可能是幼稚、易怒、衝動、不善表達自己感情的。他們常以自我為中心，不願接受批評或挫折。據證實，智商低的孩子比較容易於出現攻擊性行為。

一般說來，二歲的孩子可能會用拿東西打人的方式來解決爭端，四歲的孩子則可能跟對方爭吵，至少在某些時候是這樣的，不過，三至七歲的孩子多數已學會較大程度地控制自己。到了八至九歲，儘管短時間的激烈爭吵時有發生，但孩子一般都能較好控制自己。如果孩子長大了，仍舊常常出現極端的攻擊性行為，那麼家長就應該採取一些有效措施了。據調查，男孩和女孩過度的攻擊性行為的發生率，幾乎是均等的。

導致孩子攻擊性行為的原因有許多，某些人認為人類本能即具有好鬥性，而另外一些人則認為幼兒通過觀察別人，如父母、兄弟和小夥伴們，習得許多攻擊性行為。因此，當我們了解到這些行為的內在因素後，解決這一問題的方法就有一個比馴靠的依據了。

第一式 父母的教育方法是否得當。如果父母對孩子的態度過寬或過於粗暴，則孩子比較難以控制自己。寬厚或者縱容孩子的家長，他們會滿足孩子的一切需要，溺愛孩子，給予孩子太大的自由。而態度粗暴的家長，則往往不願接受孩子，不願讚許孩子，這類家長不僅不會給孩子應有的情感和理解，還常體罰孩子。當這些極具破壞性的溺愛或嚴厲的體罰持續一段時間後，孩子便會出現攻擊性心理。這裡還需強調的一點就是，暴力電視也是孩子成為習得攻擊性行為的途徑。所以限制孩子看暴力電視也是有效的方法之一。

第二式 讓孩子盡情享受家庭生活的幸福和快樂，並提供孩子發泄情感的機會。在家裡，父母應儘量避免爭吵，讓孩子看到或聽到你們之間的爭吵、衝突和攻擊性行為將會使孩子模仿父母的行為。研究表明，受到家庭生活積極影響的人，對自己和他人都很友善。還有，讓孩子有機會參加體育運動，以消除他們內心的緊張及消耗過剩的能量。

第三式 幼小或者不成熟的孩子，似更需要成人介入他們的活動以及時阻止孩子的攻擊性行為，這就是要加強成人對孩子的監督作用。對孩子玩的遊戲表示興趣或者參加孩子們的活動能阻止麻煩的發生。此外，有成人在旁，孩子們一般會安靜地玩。

第四式 維護自己的利益。維護自己利益的行為很少導致憤怒，而且比攻擊性行為贏得更大的順從。你在維護自己利益的同時，也應以一種合情合理的方式表白你的情緒，而非敵視對方，用武力解決你們之間的衝突。告訴孩子，當別人冒犯你時，你可以光明正大地維護自己的利益，讓他客觀地描述別人的冒犯行為以及他對此的反應（但絕不是攻擊性行為）

增強社會意識。良好的社會行為包括三思而後行，以及考慮自己和別人行為的後果。當孩子企圖使用攻擊性行為解決他與別人的問題時，你可以對他描述一下他以前打架所造成的後果：失去友誼、敗壞名聲；父母和學校都不滿意；孩子情緒低落；受害者感情上和身體上的傷害等等。讓孩子知道，當他想對付別人，而且想做出合理的決定時，首先考慮原因、後果和他人的感情。良好的社會行為的另一方面即是尊重別人的所有權。教育孩子從小懂得尊重別人的權利。

第五式 嚴格管教孩子。孩子過分的攻擊性行為可能是父母溺愛的結果。嚴格管教孩子意味著首先應一讖孩子明白某些攻擊性行為是人們所無法接受、無法忍耐的，比如：無緣無故地打人和譏笑別人。讓孩子知道你不贊成他的行為，並解釋你的原因。不要放任或寬容孩子的那些不良行為。當孩子行為出格時，要表現出你強烈的不滿——「看你幹的好事！」

如果你使用這些方法仍不能改變孩子攻擊性行為時，施予懲罰可能會給你一定的幫助。對學齡前兒童和學齡兒童有效的懲罰方式是「隔離」。隔離法多種多樣，最常見的是關廁所，讓孩子一人待在廁所，給他一定的時間反省，如果在你所給予的時間內仍不能認錯，那就得延長隔離時間，隔離期間不許任何人與他講話。一旦他稍有改善，你即需立即抬予表揚以強化他改進的行為。值得注意的一點是：家長應少用體罰。因為施以體罰的本身就表現為攻擊性行為。

第 26 招

重男何必輕女

「女孩子的智力終歸不如男孩。」這是許多家長的一貫看法，就連女孩子本身，也存在著這種自卑心理。

女孩子果真比不上男孩子嗎？回答是否定的。一些心理學家對少年兒童的智力進行測試，證明男孩子與女孩子在智力上本來是沒有差別的，差別的產生，在於所受的教育和實踐的方法不同。

舊的觀念、舊的思想幾千年來一直束縛著人們，以往「男尊女卑」給許多才華橫溢的女性戴上沉重的思想包袱。女孩子參加男孩子的活動，如：跑、跳、投的遊戲，也常常遭到非議，好像她們應該規規矩矩地坐在屋裡，才像「大家閨秀」。有的家庭對男女孩子的待遇不平等，探親訪友優先帶男孩子，而買菜做飯，打掃衛生則讓女孩子幹；對男孩子的行為、衣著管得很少，而對女孩子則往往提出苛刻的要求。這樣，就容易使這些女孩子心胸狹窄、自卑、嫉妒、或者膽小拘謹，情緒容易波動。有的家庭把最小的女孩當「掌上明珠」，百般遷就，過分疼愛，又會使她們嬌氣十足、傲慢非常。

以上種種，都會給女孩子的成長帶來消極影響。因此，教育女孩子的方式要恰當。首先家長要端正態度，改變家庭中一些不正確的做法，對男孩子、女孩子一視同仁。

具體的方法大約有以下幾點，你不妨試試——

第一式 不要總是對孩子嘮叨個不不停：「女孩要像個女孩！」「女孩子不要那麼輕佻！」這些話常常會引起許多不良後果，還會傷害孩子的自尊心。女孩子的行為如果帶有男孩子的粗、野性格，這正好體現了女孩子活潑可愛，有的學者指出：「一個男性是百分之五十一的男性心理和百分之四十九的女性心理所組成。」若為女孩，則恰好相反，因此，男女兩性的精神構造，差異性質本來就非常地小。這樣，男女才會互相了解對方的心理。

第二式 幫助孩子克服自卑心理，增強進取心。用科學材料讓他們相信：女孩子並不比男孩子笨，人的腦力並沒有因性別而異。影響力發展的主要因素是後天的環境和教育。「居禮夫人也是女人，她為什麼就能成為女科學家呢？」用鐵的事實來激發她們的自信心，使她們從傳統的偏差觀念中解脫出來。

第三式 一旦發現稍大的女孩子好傳閑話、嫉妒別人、眼光短淺、心胸狹窄等這些毛病時，你要及時給予糾正，培養她們遠大的理想、廣闊的胸懷、開朗的性格、堅強的意志和良好的道德情操。正確的引導，是教子成功的首要關鍵。

第四式 要讓女孩子多參加戶外活動。一些男孩子智力發展較快的一個主要原因，就是他們愛活動、接觸面廣、好奇心強。應讓女孩子也能廣泛接觸外界，多參加活動，擴大她們生活範圍。對一些膽小、嬌氣的女孩子，尤其要給予這方面的激勵。「寶貝，妳看萌萌的球打得多好，我想妳要是去試試，說不定會更出色。」「難道妳不想和他們一起去玩，流些汗對身體反而好。」

第五式　一般來說，小學階段男女孩子學習成績差異不大，一些女孩子的成績還超過男孩子，因為女孩子口齒伶俐，語言能力比男孩子強；她們比較聽話、用功，學習比男孩子踏實。你為什麼不能利用啟發引導，讓她們把這些優點帶上初中、高中呢！應當讓他們認識這些優點，繼續努力，改進學習方法，不斷提高自己的學習能力。

第 27 招

男孩就該不安分

男孩和女孩的教育，在一個人一生中雖然很早就開始了，但是我們不應使孩子們被迫過早地擔任與他們的性別相適合的角色。學齡前期，男女孩子都喜歡玩娃娃，玩當媽媽的遊戲。一些父母見到一個五歲的男孩給娃娃餵飯似乎感到很驚訝，其實這是很自然的。

如果學齡前的男女孩子很想玩同樣的玩具和遊戲，應該允許。父親不要試著從四、五歲的男孩中培養出一個拳擊冠軍，如果他寧肯玩娃娃的話。學齡前的男女孩子可以玩男性遊戲，也可以玩女性遊戲，而不應受到非難。

雖然，男女孩子不應過早地區分性別，但是，對於男女孩子的教育，我們可以通過孩子的個性、興趣、志向以及生理因素的區分，來施行不同的教育方式。

提起男孩，多數父母都會不約而同地發出怨言：調皮搗蛋、不安分，還盡找岔子！應該承認，男孩在許多方面都要比女孩容易激動，敢於冒險，如果家長們能了解到男孩調皮的真正原因，也許對他們的管教就不會那麼困難了。

（一）男孩子的活動多定向於物，他們活動量大、精力旺盛、喜歡探奇。你看，許多男孩不是喜歡踢足球、玩「打仗」嗎？他們喜歡激烈的、競爭性強、有對抗性的活動。

（二）男孩子對新事物十分敏感，好奇心很強，他們思維敏捷，喜歡尋根問底，而且「鬼點子」特別多。

（三）男孩子的發育，不論在生理上、還是心理上，都比女孩子慢些，在形成責任感、義務感等心理品質方面，也表現得較差。

雖然我們強調不應過早地把男女孩子的性別區分開來，但對待男孩子的行為規範的教育，應該與女孩區分開來，這也是家長們必須弄清楚的教子絕招之一。

第一式 學齡期是加強父親與兒子關係的重要時期。父親可以說是兒子心目中的第一個偶像。因此父親對孩子的影響作用非同小可。父親應該對他的兒子樂意向他敘述一些事情和願意學他走路、講話、穿衣表示歡迎，不要笑話他們的這些模仿動作，而應該加以鼓勵。言語和風度的模仿可以導致仿效其興趣和對事物的評價。在父與子的親密接觸中，在家裡和社會上，父親給兒子做出作為一個男子意味著什麼的榜樣。兒子親眼見到父親的技能，努力獻身於家庭之外的精神而感到驕傲。這就是父親的榜樣作用。

第二式 當孩子盲目崇拜某英雄人物而傷害他人時，你不要粗暴打罵和斥責他，而應該積極的勸戒與誘導。例如，男孩子模仿能力特別強，看到電影、電視、書籍裡的主角好厲害，真夠「英雄」的，於是就去學。父母如能及時了解到這些，幫助孩子認識什麼是英雄，讓他們處處以英雄為榜樣，這就顯得特別重要了。否則，孩子就容易沾染上不良的江湖習氣、受騙上當、誤入歧途等。

第三式 男孩子由於平時行為比較散漫，學習不夠專心，小學階段成績往往不如女孩子，因而受到的訓斥、打罵比女孩子多。他們受過罵、挨過打，反過來又用這種粗暴的態度對待別人。這也是父母常犯的錯誤之一。有時候，家長這種無意識的反作用更強化了孩子的錯誤行為，所以，父母切忌無端教訓孩子、打罵孩子。

第四式 母親的磁化作用。許多男孩子都會或多或少的受到父親的大男子主義思想的影響，甚至變得專橫、冷漠起來。做母親的如果時常能用妳那女性特有的溫柔、母愛去感化孩子，孩子也會變得富有同情心和愛心。讓孩子知道，男人並不是那種人人見到就害怕的人，而是以事業上的成就、家庭的支柱作用而構成高大的形象。

第 28 招

不要多問孩子「為什麼」

常見父母指責孩子惹出麻煩，或做錯事後提的一句口頭禪：「為什麼？」這句「為什麼？」的確讓孩子覺得難以理解。當孩子把你辛苦飼養的小雞一腳踩死時，你會聽到自己向孩子問出這種奇怪的問題：「你為什麼要這樣做？」而孩子的反應必是：「因為……」你接著又說：「這不是我要問的，我不要你強辯。」結果弄得孩子驚呆了，不知道你要怎麼辦？小雞已被踩死了，而你卻還在試圖尋找「為什麼」。

為什麼父母總是不厭其煩地問孩子「為什麼」不做父母要他們做的事，而是自我主張地在那裡「搗亂」？原因在於父母心目中有一個錯誤觀念，以為孩子確實知道原因。

孩子長大（一般指八歲以上）後，同樣的情況可能會是這樣：「你為什麼要把小雞踩死？」他的回答是：「因為我跑出去，沒看見它在那邊窩著，就不小心踩到了。」「這不是你踩死小雞的理由！」你高喊道：「你為什麼要這麼做？我真不相信你會做出這種事來！太殘忍了。」這個年齡的孩子便會申辯說：「我又不是故意的。」

當孩子回答「因為」和「我又不是故意的」時，你的反應會怎樣呢？你會陰沉著臉或是疾風暴雨式叫罵一番，或者是會反應十分冷淡？

問題是，為什麼「為什麼」問題如此叫父母感到懊惱，為什麼孩子們不理解「為什麼」問題？實際上，「為什麼」問題毫無意義。作為父母，你是真的要想知道孩子們這些舉動的原因？還是他們不跟你合作的行為惹惱了你？你希望他們冠冕堂皇地解釋他們的動機。你等著有一天，他會這樣或那樣地向你解釋他們的行為，還有可能會向你賠禮道歉，可是，真的到了孩子會這樣做的那一天，說不定你會感到這種理由真是叫人啼笑皆非，你不是也和孩子一樣太天真了吧？

當然，可以理解父母問孩子「為什麼」問題的心情，你希望孩子能明白這些話的意思，你還想要孩子承認他做了錯事，問他為什麼做這種事，就是想間接讓孩子認錯。可惜事實並非如此，孩子們的想法並不像你想像的那麼簡單。當你遇到這類問題時，你可以用更明智的方法對待孩子的這些行為。

第一式　儘量避免向孩子提出咄咄逼人的「為什麼」的問話，否則，你是不會得到滿意的回答的。

如果你不是採用質問、責怪的態度，孩子反倒有可能會把他所想的真實情況向你談清楚。

第二式　當孩子踩死你心愛的小雞時，你可以這樣對他說：「你知道，小雞也是有生命的，所以你以後走路一定要小心一些。」然後，有必要的話，可採取一種有實在意義的懲罰措施，如提前上床睡覺，或者不給他講故事。如果你問孩子：「為什麼？」他並不知道你真正想問他的是什麼，而你非叫他回答不可時，他會儘可能地縮小事態。他知道，只有他闖禍時你才會問「為什麼」的。

「為什麼」問題的提出源於激憤情緒。當你自己反省一下自己為什麼問為什麼後（多次這樣），你並沒有得到什麼益處時，你會覺得這樣的問話毫無意義。而具體的期望和懲罰會讓你覺得更有效。

第三式　考慮一下，你想從孩子那裡得到什麼，就不要老是問他為什麼。看看他做了什麼事你覺得不能接受，一讓他知道你對此事的感覺，這點很重要。可以告訴他，下次這種行為再出現，後果會怎麼樣。或者，如果他很少這樣做，就讓他知道你不喜歡他所做的事，但是因為他不經常如此，你只要讓他十分清楚的記住以後別再這麼做就行了。

第 29 招

你為何老是問個不休

老是愛提各種問題，是孩子的共同特點，越是聰明的孩子越愛提問題。三、四歲的孩子，心理發展進入了一個新的階段，他要知道周圍事物的名稱和特點，想分辨事物、理解事物、概括事物，於是，便會連珠炮似地向家長提出一個又一個的問題。例如，一個剛滿五歲的孩子問爸爸：「爸爸、你聰明嗎？」這是一個不大好回答的問題。他父親想了一下回答說：「爸爸努力學習的時候就聰明，不學習就不聰明了。」這是認真的回答，也是明智的回答。

孩子喜歡向成人提出稀奇古怪的問題，有的問題連父母也意想不到，很難回答，往往把大人給問住了。假如父母為了顧全面子，對自己不懂的問題信口開河，愚弄孩子，或者斥責孩子「多管閑事」「少囉嗦」——而不予理睬，這就等於向孩子強烈的求知慾潑冷水。久而久之，孩子便會懶得提問題，腦筋漸漸變得遲鈍起來。

孩子提的問題，往往包含著他對客觀世界的觀察，對事物之間各種聯繫的探求，包含了他自己的思考、想像和一定的分析、判斷。例如：「星星為什麼不會掉下來？」「月亮為什麼跟著我走？」等等。父母要認真回答孩子提出的問題，絕不能有嘲笑或輕視的態度。

當孩子對性問題產生興趣之後，他們自然會產生種種疑問，這時，孩子已經能夠聽懂，並且理解這些問題了。有些父母不能滿足孩子的好奇心，儘量迴避這些問題。這不僅僅因為懶惰，而且還說明他們的態度不夠端正。

如此說來，回答孩子提出的任何問題，都必須認真地回答。至於如何回答，下面提供幾個方式，你不妨試試。

第一式 從教育的角度來看，孩子的提問，是他入學前的一種不自覺的學習方式。當家長的對此應採取支持和鼓勵的態度，充分利用孩子渴望求知的機會，對他實施各種知識教育，培養他的觀察力和思維力。

第二式 講究方法，引導思考。家長回答孩子的提問，要儘量採用啟發式。孩子提出的問題，家長不一定得馬上回答，可以引導孩子自己思考，找到答案。例如，孩子乘車時間，樹木和房子為什麼會往後跑，你可以反問：「樹木和房屋會不會跑？」等車停了，你再問他：「樹木和房屋現在還跑嗎？」這樣，孩子自然會得出結論：人坐在往前開的車上時，便會產生樹木和房子往後跑的錯覺。

不給予完整的解答，也能起到很好的教育作用。對孩子提出的疑問，不給予完整的答案，而留一部分去讓他思考，才能提高他自己去解答問題的慾望。所以，在日常生活中，如果利用這種方式來訓練孩子用自己的頭腦思考問題，必能培養他強烈的自立心和獨立性。

第三式 要認真學習，正確回答。父母要想正確回答孩子的問題，必須努力提高自己的知識水平。要做孩子的老師，自己就得有淵博的知識。

若遇到自己也不明白或不好回答的問題時，千萬不要不懂裝懂，不負責任地亂回答，以免給孩子留下錯誤的答案。要知道，有的知識，孩子是要記一輩子的。

第四式 有關性方面的問題，天真的孩子可能會問得父母親目瞪口呆，無言以對。但是，不管你碰到如何尷尬的局面，你都不能迴避這些問題，而且要以慎重、簡明、坦然的態度來解答孩子的疑問。

應該注意到，在這個問題上，沒有家庭的支持，單靠學校是得不到應有效果的。在幫助孩子弄清和了解性知識的問題上，家庭具有得天獨厚的有利條件。因為只有父母能找到最適當的詞句，選擇最恰當的時機來進行性教育。這是任何外界條件均力所不能及的。

總之，回答孩子提出的問題時，要注意科學性和童趣性相結合。傳授給孩子的知識既要正確，又要符合孩子的年齡特點和認識規律。只有這樣，才能使孩子容易接受和理解。

要知道，孩子在一天內提十、二十個問題，他的大腦就會積極運作了十次二十次，如此大腦就會得到應有的鍛鍊，智力就會得到相應的發展。聰明才智正是從提問正確的思考答案中逐漸發展而成的。

第 30 招

如何哄孩子上床

在許多家庭，孩子就寢的時間反而是最喧鬧的時間。孩子和父母構成共同受挫的一群：孩子們想儘可能晚睡，而母親卻要他們儘快躺下。晚上成了母親嘮叨的主要時間和孩子們「戰術上迴避」的時間。

學齡前孩子需要母親或父親送他上床，陪他睡覺，他們有時候喜歡單獨和媽媽或爸爸在一起，倘若父母能耐心地聽孩子講，孩子將學會與父母分擔他的恐懼、想法和願望。這些親密的接觸可以解除孩子的不安，並哄他進入快樂的夢鄉。

如果你在招呼孩子們睡覺時，沒有一套行之有效的好辦法，那麼每個孩子都將會與你作對。你沖著孩子們再三嘮叨：「時間到了，你馬上給我躺在床上！」「快睡吧！不然明天你又起不來！」便能讓孩子上床，這只不過是你的想像而已！其實很清楚，孩子並不在乎你的說教。他會想：我不需要休息，早晨我也不難受！他害怕和你分開，也害怕獨自一人被留在黑暗中。他會在起居室和廚房裡走來走去——凡是有大人在的地方，他都想去。因此，他會使出絕招來引起你的注意，他會一而再，再而三地跑出自己的房間找水喝，或者上廁所……要麼，他就說他要告訴你一件非常秘密的事。不管怎樣，他就是想和你在一起。當他第四次從房間出來找你，你可能恨不得鑽進衣櫥裡去。

你不清楚為什麼這樣一些話都無法勸孩子回房睡覺：「你再出來一次，以後就別想我會給你講故事！」或者「你為什麼還不睡覺？」以及「你真的要當一個壞孩子嗎？」

這都是因為他想擾亂你的生活嗎？還是因為他想告訴你，他要和你在一起而不想上床睡覺？你是否把這些問題跟孩子說過呢？這會有助於你弄清以上問題！當你明白自己的困境，應該採取這樣的措施……

第一式 給孩子規定一個固定的就寢時間，只允許半個小時的準備。你必須把這個計畫跟孩子一一講明，讓他知道每晚的同一時間，他都必須上床睡覺。同時事先要警告說，上床後，他不能喝水，也不准隨便上廁所，更不允許告訴你他每晚都說的秘密，否則，將會遭到你的拒絕，他一上床就只能睡覺，別的事一律不准幹。

也許孩子最初是無法接受你的要求的，或者會做出更令你傷腦筋的事來，但是你必須牢固地堅守自己的職責，不要讓孩子有機可乘，要不了多久，他就會習慣於你的這些規定。

第二式 不要多說一句話。如果他叫了你五十次，又哭又鬧又央求，你只能這麼說：「我知道你不喜歡這個時候上床睡覺，但我不會再回答你任何問題了，我已經跟你說過那些規定了。」當孩子吵著要喝水或想聽一段音樂時，最好不要和他爭辯。如果孩子總是叫母親到他的房間來，則應該告訴他：「我知道你想要我和你多待一會兒，但是現在我的時間是給你爸爸的。」

不論孩子採取怎樣的方式跟你胡攪蠻纏，你都不能妥協，只要他確信你會堅持這些規定，就會乖乖上床睡覺。不過，他也許還會試探一下你是不是真要這麼幹。如果這時你動搖的話，他就會認為還有和你迴旋的餘地。

第三式 如果孩子由於父母晚間外出而不願上床睡覺而大哭大鬧時，你不要急於責備他的害怕情緒，但也不必依從他的願望。對他不想留下和小保母待在一起，我們可以表示理解和同情，但是不需要從孩子那裡買一張許可證。你可以對哭著的孩子說：「我知道你不要我今天晚上出去，有時我不在這兒時，你會害怕。你希望我和你在一起，但是爸爸和我今晚要去看一場電影（去看朋友、參加宴會或舞會）」。

告訴孩子的這些原因，是想讓孩子知道，他沒有權利干涉父母的行蹤，他必須照規定按時上床睡覺。

第四式 第二天，你還要堅持原則。無論孩子像個天使還是裝做十二萬分的委屈，你都要告訴他，雖然他昨晚過得不愉快，但那是你們已規定好的，誰都無權破壞。遵守新規定雖然很難，但仍希望他學會遵守那些規定。

即使你不覺得前一晚的爭論有什麼不對，你還是要儘可能以最好的方式說這些話。這是變消極為積極的另一方法。

第31招

幹家務活，越早越好

德國在教育子女上，有一套很不錯的家庭行事，要求子女幫助父母從事家務勞動：6～10歲的兒童應幫助父母洗碗、掃地和買東西，10～14歲的孩子應完成清洗汽車、修整園林等勞動，16～18歲的孩子每週要做家庭大掃除一次。可見，人家教子確實是有「法」可依的。

在某些家長看來，孩子幹家務活是早期培養孩子的責任心、分擔家務，可以增進與父母、兄弟、姊妹間的友誼。這種看法很不錯。但有些粗心的家長，只顧讓他們的孩子清理亂七八糟的房間，卻忘記自己的書桌上那厚厚的一層灰與一堆雜亂無章的舊雜誌。這種家長對自己要求不嚴，又怎麼能在孩子面前樹立榜樣、樹立威信呢？

然而，許多家長仍想入非非，認為他只要告訴孩子整理自己的床，孩子便會照做不誤。在孩子看來，家務活沒什麼意思，而且家長們也常以孩子學習忙、或者孩子還小為由，根本就不給孩子分配任何家務活，所以孩子也就對家務無所謂，他才不會管諸如，「你現在要是不學著收拾東西，你就會變成一個懶惰蟲。」或者「你那麼懶，只會吃不會做事，會變成豬哦！」之類的話呢！

如果你尚未陷入困境，你要做的第一件事就是給孩子安排幾件家務活。這會使孩子逐漸感到家務活是他日常生活中的一部分。如果你的態度積極而有趣，他也會饒有興趣地幫你幹一部分家務的。但是，由於大部分家長管教孩子時，已經採取了消極的行為模式，所以也許很難做到這一點。現在，讓我們來看看要解決這個難題該做些什麼吧！

第一式 讓孩子做家務活越早越好，從兩歲開始，就可以讓他做某些小事了。必須堅持這樣的原則：凡是小孩子能夠自己做的事情，你千萬不要代替他做。

第二式 告訴孩子，你不會再跟他爭辯有關日常生活的事了，從現在起，你要給他分配幾件家務活，希望他每天都能做好——通常不超過二、四件。你不要像部隊裡軍官對小兵發號施令那樣呆板，而應該用堅定而溫和的口氣對他說。還要讓他明白，你們倆都有權利決定什麼時候完成這項工作。如果你們無法達成一致的協議，那麼你就得表明你是家長，有權做最後的決定。如果你和孩子有衝突，這也許會是你和孩子爭辯的第一個問題。

第三式 一般來說，家長整天對著孩子發號施令，對他喊道：「房間收拾好了嗎？」、「地板擦過沒有？」孩子也許會說：「是的！」但當你發現他根本就沒有這麼做時，你會責問他：「你為什麼撒謊？」這樣追根究底並非妙策。

你應該這麼說：「該擦地板了。」並看著他完成這件事，不要讓任何事轉移他的注意力。每當這個時候，你有必要監督他，否則，他或者會不負責任地亂搞一通，或者乾脆不幹，躲在一角玩他的魔術方塊去了。

第四式 繼續監督他做家務活，直到他獨立完成為止。通常只需要在開頭的幾次這麼做就夠了，要他明白你會弄清楚他是不是完成任務了，這一點對你很重要。

孩子有時也許會很反感你的這種行為，他會說：「我做就是啦，為什麼要管那麼多？」如果你想達到預期目的，就別聽他的任何辯解。你可以說如下的話來強化你的命令：「我很高興最終你還是要聽我的話。」即使他幾乎不曾配合你，你也要這樣說，其目的就是要得到他積極的反應。

第五式 如果孩子仍拒絕做家務，你就得告訴他：繼續這樣做就會受到懲罰。記住，這步是當你嘗試了幾星期的新步驟而沒有取得應有效果之後，才不得不採取的措施。例如，你對他說：「從現在起，你再不按我們制定的計畫去做，你就不能領零花錢……不准看電視……不准踢足球。」

如果你為孩子明確規定了一些家務活，那麼你還必須制定相應的規則。必須堅持原則，還要準備一些懲誡孩子不遵守這些規則的措施。這一點非常重要，尤其是當孩子與你發生衝突的時候。

第 32 招

做家庭作業的樂趣

通常，人們是不會對一個剛上學的孩子說：「無論風吹雨打，你今後幾年的任務就是做家庭作業，不論它多麼難，多麼單調乏味，也不管你願不願意，都必須做。」對孩子的家庭作業，父母不應該嘮叨，也不應當逼迫，更不應該替他代勞。

如果你想讓孩子很早就學會按規定時間坐下來安安靜靜做家庭作業，你必須學會觀察他是否專注於書本的同時，還能表現出熱情和興奮。事實上，你只要觀察一下就會發現，他一條腿放在桌子上，正拿著鉛筆撓頭。或許你會大叫：「你又不專心了，如果你現在不用功，以後就會跟不上人家了！」這種話只會叫人感到焦慮不安，還會引起孩子的恐懼心理。

家庭作業的價值在最初幾年裡，不應估計過高，有許多好學校並不留作業給年齡小的孩子，而這些小學生和那些為家庭作業努力奮鬥的六、七歲的孩子相比，似乎是同樣的聰明。不要擔心孩子的未來會怎麼樣，也不必認為如果孩子不願做家庭作業就意味著他上不了大學。而應該讓孩子們把學校看成是有趣、悅人的地方，是能給他們帶來學習樂趣的地方。這樂趣包括如何和他人交流、怎樣與人相處、怎樣守規矩以及怎樣擴展自己的好奇心。有了這種學習樂趣，孩子就自然而然，用不著父母的督促也能很快地完成家庭作業（這是在老師規定了家庭作業的情況下）。

在這裡，你的任務是幫助孩子認識到學習的樂趣。而不是每天規定他埋頭去做家庭作業、向他嘮叨你的期望和把他的時間安排得緊緊的。

第一式 檢查你自己的態度如何。如果你能平靜地坐下來叫孩子在晚飯前完成家庭作業，或把家庭作業當作有趣的活動，他會覺得做作業還是挺不錯的。如果你神經緊張、愛挑剔、沒有耐心或者易於生氣，那你還是遠離孩子和他的家庭作業為好。他有權利犯錯誤和做白日夢。

孩子做作業時你儘量不要問他什麼，或者又差使他去幹某件事，不要打擾他，如果你一味地妄加評論：「如果你專心聽講，你就會知道作業該怎麼做。」這樣只會增加他的消極情緒，干擾他的思維活動。

第二式 父母對學校和老師的態度可能影響孩子對家庭作業的態度，倘使父母習慣性地責怪學校和瞧不起老師，孩子自然就會站在和你同一陣線上，開始質疑老師，並對老師不尊重與不服從。因此，父母應該支持老師，支持老師對家庭作業的一些規定。當老師要求很嚴格時，這就給做父母的一個極好的機會表示同情他這樣做：

「真是不容易的一天，這麼多作業！」

「他肯定是一個要求嚴格的老師。」

第三式 選定做家庭作業的最佳時間。這需要根據孩子的具體情況而定，在好天氣的下午，孩子肯定想先玩，然後再做作業。如果晚上有較好的電視節目，則必須先做完作業。你要避免每天在作業上對孩子發脾氣，這一點很重要。比如不要對孩子這樣說：「聽著！從現在起你每天下午——包括星期六和星期日，你要默寫生字，既不要玩，也不要再看電視。」或者「今天我累了，不能提醒你做作業，可是爸爸回來以後會看你的作業，你要認真寫好。」

第四式 不要問這樣一些問題：「喂！你作業寫好了嗎？」如果孩子回答：「寫好了。」你就不要再說：「拿來給我看看。」如果孩子說：「好吧！」那麼，可見他是多麼不情願。期望孩子自我監督是不切實際的。但如果你不信任孩子，那吃虧的就只有你自己了。

第五式 不要為了家庭作業而跟孩子爭論不休。不要威脅孩子，沒做完作業他的日子會不好過。先定一個規則，再告訴他不遵守規則的後果是不許玩遊戲或者不許看電視。相信孩子是不願丟下自己喜愛的電視節目而去受你的懲罰的。因為你已連續三天沒讓他看電視了。

第六式 孩子如果需要，你就坐在他的身邊（如果他還小的話）幫他完成作業。但不能「越俎代庖」。和他在一起，只是讓他覺得和你在一起做家庭作業是一種愉快的活動。以後，慢慢地退出，直到他逐漸自覺為止。

培養孩子對家庭作業持有良好的態度是非常重要的。當孩子知道以後的幾年裡，他每天都有事要做，他便常常會感到矛盾、失望和焦慮。在這方面，你要幫助他，而不是同情他。

讓孩子在做作業和失去一段愉快的時間之間做出選擇。你不要介入這場選擇之中，你只要控制這個局面就行了。記住，如果你找到了他違反規定後可採取的措施，你便會很快從這種衝突中解脫出來了。

第33招

讓孩子嚮往學校

一提到上學，孩子們的臉上總會浮現出似驚、似喜、似憂、似懼的神態，再加上有許多家長好嚇唬他們：「你又皮了是不是？明天把你送到學校，叫老師好好修理你才行。」「看你那副猴相，老師見了準要罰你站壁角！」說者無意，聽者有心，這會在兒童的幼小的心靈裡，增加對學校教育無名的恐懼情緒，這顯然是很不好的。

你的寶寶已經五、六歲了，一般來說，五、六歲的孩子都盼望上學，小學生的地位，是幼兒園孩子十分嚮往的，小學生有書包、文具盒以及鉛筆、橡皮擦、直尺等五顏六色的文具都讓他們感到新鮮。

孩子從跨入學校的第一天起，他的「身分」就變了，即由一個單純的「小孩子」一躍而變為「小學生」了。這一重大轉折，必然會引起兒童心理的種種變化。原先，他們過的是無憂無慮的童趣生活，遊戲和玩耍是他們心理活動的主要內容，現在就要開始正規的有系統的學習了；原先，他們以個體生活為主要形式，現在他們將要參與集體的生活；原先，他們基本上在父母扶持下成長，現在卻要有一段時間離開父母「獨立」生活了，這在孩子的生活上、心理上是一個多大的轉折呀！

並不是所有的孩子都能馬上適應這一轉折的。小明在上學前兩、三天就開始發呆、哭鬧不停，入學那天，從家裡到學校就那麼點路，也怯生生的不敢去，只得由爸爸「護送」，放學時又再接回家，到家後，他捂著臉直哭，一問才知道褲子被尿濕了。當媽的這時也許會扯開嗓門叫道：「看你，都上學了，還尿褲子，也不怕羞。」或者「來，寶貝，媽幫你換條褲子，以後不要再尿褲子就是了。」即使是這樣，問題終究得不到圓滿的解決。許多孩子為上學感到興奮、好奇，或者發愁、害怕，這樣看來，孩子上學前，父母根據孩子的心理狀況，進行一點學前的前導教育，是很有必要的。

第一式 利用上學前的一個專門時間，鄭重其事地找孩子談談心，告訴孩子，上學讀書是每個人一生都必須經過的事情，你也不例外。你已經六歲半了，就要離開幼兒園去學校上課了，也有的家長會鼓勵孩子說：「你看，我們家的小明從九月一日起，就要去學校打天下了！」

第二式 應該告訴孩子，學校是個好地方。要培養孩子對入校學習的嚮往心情。如果孩子仍然有顧慮的話，可以請鄰居或親友的小朋友給孩子講講學校的生活，也可以由父母說說當年上學的樂事，還可以講點古今中外的有關故事，要用啟發式的方法，只要能達到撥動孩子心弦的目的就行了。

第三式 切忌恐嚇孩子，因為恐嚇只會加深孩子對上學的恐懼。不要說那些讓孩子聽了感到學校很可怕的話。如：「你不聽話，就送你去學校。」或者「該叫老師來好好修理你！」這樣一來，學校便成了孩子心目中的監獄，老師也會變成可怕的巫師。當孩子不聽話，自己又感到無能為力時，父母往往喜歡拋出學校和老師這張王牌來，這種恐嚇或打罵孩子的手段，可能會「立竿見影」，但後果卻是嚴重的。孩子還小，他會覺得爸爸、媽媽可怕，孩子長大了，經歷過多次重覆的恐嚇，都沒有看到父母所說的事實出現，家長的恐嚇，就會給孩子留下一個說謊的「範例」。

孩子不聽話，往往是有很多因素的，父母應該多方面地去了解，證實孩子是故意無理取鬧，還是不舒服，或者病了，做家長的應做耐心細致的調查工作。要利用一切正常的方式來誘導、教育孩子，摒棄恐嚇手段。

第四式 小學讀書的生活是有規律的。必須強調，孩子的生活要與學校的步調一致。結束幼兒園的生活，孩子的學生生涯開始了，上課、下課、放學，時間觀念很強，孩子的步調必須跟集體一致才行。做父母的應該及時訓練，糾正孩子一系列的不規範行為。上學一週前就開始讓孩子有所準備，並反覆提醒，要給孩子制訂一個行之有效的規則，逐步地讓孩子習慣學生生活是緊張而有秩序的。如果孩子仍不能習慣，或賴在電視機旁不肯睡覺，那麼，你就要明確地告訴孩子，如不按規定做，他將受到懲罰，或一個星期不准看電視，或明天不要去上學，讓孩子明白，不去上學的話，老師會批評他，還會讓同學笑話，但這一方法最多只能使用一、兩次。

第 34 招

發展孩子的個性特徵

如果在成長過程中，不僅要學習觀察世界、認識世界，還要學會正確地分辨好與壞、美與醜、是與非，要逐步習慣讓自己的願望服從於需要，習慣社會所固有的行為準則……孩子的個性、內心世界就這樣開始形成了。

個性是指個人比較穩定的心理特徵，它包括性格、興趣、愛好等。我們知道，孩子三歲以後，家庭和幼兒園對他們提出了新的要求，孩子生活的獨立性逐步增強，行為的目的性也逐漸明確，自覺性增加，並逐漸使自己的行為服從集體或成人的要求。這樣，個性便開始萌芽，這時，就應該對孩子的個性品質進行訓練。

由於心理和運動發展的成就（主要是由於孩子學會了走路和用手的本領），孩子滿一週歲就開始試圖表現獨立性了。這體現了孩子積極認識世界、表現力量和自信心的願望。

如果經常壓制孩子的獨立願望，他就可能成為一個處世消極、無所作為的人。

懂得孩子的個性是照顧好孩子的可靠保證。一種積極的方法，是仔細地觀察孩子的行為和聽取他們的意見，弄清楚他們究竟是怎樣的。經過集中和持久的觀察，你會了解到他們特有的氣質、能力、品質、恐懼、希望和幻想，也就是他們個人生活的風格。掌握了孩子的獨特性，更能幫助他們形成顯著的特徵和個性。

在學校裡，每個孩子被看作是具有相同特點的小組中的一員。要取得小組的一致性，壓力是相當大的。但是，如果要發展每個孩子（不論男孩還是女孩）的個性，就要單獨地對待他。要個別地觀察每個孩子，和他們單獨交往，才能真正了解每個孩子的需要和個性，幫助他們了解自己和評價自己。事實上，每個人都有獨特之處，我們需要了解每個孩子的差別，在家庭中除了公平地對待他們，也要針對不同的個性而區分應對方式，這就是父母將要為孩子所作的特殊工作。

第一式 公平地撫養孩子的意思，並不是對待每個孩子完全一樣，而是指不要偏愛或特別喜歡某一個孩子。與其對孩子說：「我對你們兩人一樣喜歡。」不如說：「我非常愛你們兩個人，只是用的方式不一樣。」然而，事實上，在多子女的家庭中，父母往往表現出的態度是很令人失望的，多數父母都曾犯過這樣的錯誤——偏愛。

第二式 避免不切實際的同等對待。例如：將有病的孩子看成沒病的孩子；把嬰兒看成兒童；把鄰居的孩子看成自己的孩子。某些父母還把孩子當成人對待。舉一個很普遍的事例：晚餐時刻，孩子都非常餓了，但是母親仍堅持要等到孩子的爸爸回家後才能吃晚飯。

同等對待就是不考慮氣質、年齡、情緒、體力和熟練程度等重要的個別差異。一定要防止用千篇一律的方式對待孩子，比如，只因為他是個少年，就以一般的少年而不是以一個富有個性的少年來對待。

第三式 不要隨便在孩子之間作比較——無論是贊成的

或不贊成的。對孩子來說，成年人對他行為的評價，可能會大大促使他積極的個性的發展，否則，將會挫傷孩子的自尊心，引起無端的妒嫉。不應該這樣說：「你為什麼不像哥哥那樣用功？」或者「你的數學成績怎麼又不及格了？」每個孩子都需要受到應有的待遇的，而不要為了取得你的愛和讚賞，使他和別的孩子競爭。當然，父母在了解孩子個性發展的過程中，並不是說要放縱孩子不良的或者惡習行為的發展。以上意在使父母認真對待不同個性特徵的孩子，充分發揮孩子積極個性的優良品德，切忌壓制孩子不同於父母願望的個性發展。簡而言之，就是要孩子成為他自己。

第 35 招

獨生子女就該獨立生活

俗話說「獨生子女一枝花」。的確，只有一個孩子的家庭，家長可以有更多的精力、物力、財力，精心培育自己的孩子，使他們身體健康，智力良好，思想活躍，知識面寬，有較強的進取心。但另一方面，由於上無兄弟、下無姊妹、家庭環境比較孤寂，活動比較單調，獨生子女容易形成自私、任性、孤僻的性格。加上父母的溺愛和嬌寵，獨生子女容易養成飯來張口、衣來伸手的懶散習慣。

因此，獨生子女的教育問題，已成為現代家庭急待解決的首要課題。家長只有認識到獨生子女的這些有利和不利的因素，才能在家庭教育中截長補短，使你的孩子能擁有正確的人格特質、健康地成長。

第一式 一個孩子成為所謂「嬌氣小鬼」的原因是多種多樣的，而最主要的卻是父母所給予孩子「以我為核心」的特殊優待。在家裡「一切都是我的！」對孩子百依百順，姑息遷就，要星星不給月亮，如果你是這樣對待獨生的孩子，一旦孩子走上犯罪的道路，你才捶胸頓足，後悔莫及，這是多麼不值得呢！對待已經變得自私自利、驕橫跋扈的孩子，你應堅決拒絕他的一切不合理的要求，發現問題，及時糾正和教育。鼓勵孩子多參加一些體育活動和家務勞動，漸漸改掉過去好吃懶做的惡習。切記：盲目溺愛而不嚴格要求是做父母的嚴重失職。

第二式　安排一定的時間與孩子談話。你可以更多地了解獨生子女內心孤獨感和對集體生活的期望，然後替他選擇同齡夥伴一起遊戲，教育他與小朋友和睦相處。對於一個三至四歲的孩子，你可以暗示他說：「小朋友來了，把你的糖果和玩具拿出來，一起分享不是更有趣嗎？」

第三式　孩子要有獨立生活的能力。如：三歲的幼兒，在成人的幫助下要學會自己穿衣、穿襪。四、五歲就應該學會自己獨立穿好衣、襪，並能整理床被。六歲時，就應把衣服穿得整齊，會繫鞋帶，會梳頭髮等等，你的孩子是否也是這樣？獨立能力的培養，是要從小做起，首先是要學會自我服務，然後培養他們為別人、為集體服務的精神。

第四式　要使孩子懂得生活的艱難，養成勤儉樸素、不亂花錢的習慣。儘管獨生子女家庭的生活都是比較富裕的，但你仍不能讓孩子隨意揮霍，要告訴孩子：「爸爸賺錢很辛苦，所以我們不能亂花錢。」或者「你要買一部腳踏車，就必須開始把零花錢存起來了。」

第五式　父母對獨生子女的教育要協調一致。對孩子的教育，如果父親嚴格，母親嬌寵，久而久之，孩子就會察顏觀色，在父母面前表現不一，即使父母一方有時的教育不當，另一方也不應當著孩子的面去指責對方。如果母親對一個不肯做作業的孩子說：「一小時沒做完，今晚就別想吃飯！」父親就應該說：「孩子，我想媽媽是希望你能快點做完這些作業。加油吧！」

第六式　如果第一、第四式你都試過，而孩子仍然我行我素時，你就不得不採取一些強制而有效的處置辦法。不要對孩子吼：「我真拿你沒辦法，你完蛋了！」或「你為什麼就這樣沒一點志氣，難道想叫我養你一輩子不成？」而要非常嚴肅並面帶怒氣地對他說：「我不相信你能忍耐別人對你的指責而視而不見。如果你真這麼頑固的話，那麼，我就只好執行我的下一步措施了。」這樣的話最多只能講三次，三次之後，你就要嚴格執行了。相信在你的耐心教導下，孩子是會改變他過去的行為的。

第36招

和孩子一道「異想天開」

所謂「異想天開」，實際上指的是一種想像力。

想像力也是一種能力，想像力的功能即建築在感知、記憶、判斷的基礎之上，沒有想像力，人的腦力的發揮也不是全面的。離開了想像力，人既不可能有什麼預見，也不可能有什麼發明。人生活的各個領域，都離不開想像力，科學家的假設，設計師的設計，畫家的繪畫創作，作家的人物塑造，工人的技術改革，都要求有豐富的想像力。孩子——作為明天的建設者，是不可以不培養豐富的想像能力的。

在我們弄清楚「異想天開」的真正含意之後，我們又該如何看待和對待孩子的這些行為呢？

在大人們看來，孩子的一些異常舉動往往被看作是幼稚、無知的行為。其實不然，孩子們愛幻想、異想天開的舉止行為實在是一種豐富想像力的表現。「異想天開」的孩子，常常說些不著邊際的「大話」，什麼要發明一種一粒米那麼大的濃縮食品，吃了它，就可以維持一星期的生命，又說什麼要種植一種五顏六色的棉花，這樣衣服的色彩就永不褪色了。這正是他們比大人幼稚的地方，但也正是他們可貴的地方。一切有成就的詩人，有作為的科學家，有靈感的作家，他們也總是有著這種近乎幼稚的「天真」行為，若沒有那麼股「天真」勁，舊的框框就突不破，新的高峰也就攀登不上。

做家長的不應忽視孩子異想天開的舉止行為，而要加以必要的引導，使異想天開不至於變成想入非非。

第一式 尊重孩子的想法。如果你畫了一隻有翅膀的昆蟲，孩子卻把它看成是蜜蜂，你沒有必要責備他：「笨蛋！它明明是小蜻蜓。」這樣的責備容易摧毀孩子的信心。即使是幼稚的想像也會為以後的創造提供了可能。

第二式 在孩子還不懂得摘下月亮是不可能的時候，你就應該告訴他：「等你長大了，發明一種能摘到月亮的飛機，你不就能得到月亮了嗎？」你的任務是如何使孩子的天真幻想在他不斷地努力探索中得到證實，無論孩子天真的幻想是多麼荒唐、可笑，家長也必須用心傾聽。如果父母常把孩子的幻想或頗具獨創性的想法，看作是根本不可能發生的事而加以批評，而僅僅根據自己過去的經驗來判斷事物，強迫孩子接受自己的判斷，那麼，孩子就會不知不覺地破壞孩子的想像力和創造性。

第三式 不要認為孩子的「異想天開」是胡思亂想。有時候，孩子在想像中把媽媽講給他聽的故事，有意無意地改變了某些情節，母親聽了若不問情由粗魯地訓斥：「胡說，媽媽不是這樣的，下回要說清楚！」這樣，往往會扼殺孩子可貴的想像力，因為這些變動常常是加上孩子自己特有的創造想像斬。如果你聽了孩子有獨創性的新編故事，你就應該對孩子說：「我真為你高興，想不到你的想像力還這樣的豐富」。「我希望明天晚上還能聽到你的新故事。」孩子創造性的萌芽，無論多麼微小和膚淺，也是他「獨創」的東西，家長應給予鼓勵，給予有益的啟發和正確的引導。

第 37 招

編織孩子的童話世界

講故事與聽故事，可說是親子之間的最佳橋樑。幾乎所有的家長都給孩子講過故事，也幾乎所有的孩子都喜歡聽父母講故事。

有人調查研究過作家的童年，發現大多數作家從小就對文學產生濃厚興趣，而那些妙趣橫生、引人入勝的故事，往往是孩子文學興趣的誘發劑。一般而言，讀書的興趣也是從聽故事開始的。儘管每個聽過故事的孩子不一定都會成為作家，但是，好的故事既可以開闊孩子的視野，擴大知識面，促進想像力和思維力的發展，更能增進父母與孩子間感情的交流。

為什麼孩子那麼喜歡聽故事，而且容易受到情節生動、形象鮮明的故事所吸引呢？這是由他們的認識能力和思維特點所決定的。孩子的思維主要是形象思維，他們對具體、形象、生動的東西較為敏感，易受感染和暗示。因此，家長利用故事對孩子進行教育，是一種有效的管教手段。

孩子愛聽故事，尤其是上床睡覺時，幼小的孩子有時會感到不安，如果有家長在一旁說故事，或者使他們聽到父母的聲音，可以令他們放心。

不過，一位優秀的講解員總是能用他那精采的表演來吸引聽眾，而一位好的故事講解員，也能講許多生動形象的故事。不僅僅是童話和科幻故事會吸引孩子，家庭的故事更能增強父母與孩子間的親密感。兒童愛聽他們認識的大人的故事——媽媽怎麼認識爸爸的，或者爺爺和奶奶以前住的地方等等。這類故事能給兒童一種歸屬感。

孩子稍大一些，父母可以利用臨睡時講故事的時間和孩子閑談，使他們有機會在親密體貼的氣氛下和父母談心。要講好一個故事，並不要求父母有很好的口才和很高的學問，只要具備一般的口頭表達能力，以及基本的演講技巧，人人都可以成為一名出色的說故事的人。

第一式 根據孩子年齡的大小，選擇他能夠接受的故事。幼兒愛聽動物故事、神話傳說，六歲以上的兒童逐漸愛好寓言、童話、人物故事、傳奇故事。除此之外，還要經常更換故事的題材、內容、避免天天重複老一套。你還可針對孩子出現的問題，巧妙地編一些故事來進行啟發式的教育，這樣收效會更好。

第二式 講故事時，要讓孩子有一定的發言權，要允許孩子打斷故事，提出各種莫名其妙的問題。孩子能學以致用，說明你的努力沒有白費。孩子的記憶力和概括能力，也能在此時培養起來的。「那麼換你把剛剛我說的故事，說給媽媽聽。」——如果隨後能讓孩子複述故事的內容，效果就更好了。

對於孩子的各種「幼稚」提問，你不要以「再問，我就不講了」的態度來制止、壓制孩子的探索精神。

第三式 學點講故事的藝術。這就是說，講故事時，故事情節要與語氣、神態、動作和表情等相配合。如果千人一腔，平淡無奇，那是吸引不了孩子的，比如說你在講故事時多

運用一些象聲詞，如「大風呼呼地刮」、「雨嘩啦嘩啦地下」、「小狗汪汪地叫」同時配合表情以及手勢，

把故事講活了，孩子豈會不喜歡聽？

第四式 故事要真實，情節要可信。如果說一個孩子勇敢，就講他上山時碰到一隻大老虎，這個孩子一拳頭就把那隻老虎給打死了。結果孩子會問你：「那麼爸爸一拳就能打死三隻老虎吧？」因此，切忌不符合事實的荒唐故事。當然，故事的內容要健康，最好能有一定的教育作用。有些故事小孩聽完也就忘了，但有些故事他是會記一輩子的，因而，對孩子今後的生活和學習都會有影響，父母切不可掉以輕心。

第38招

在寂寞中成就大器

你的孩子能不能忍耐孤獨與寂寞？大概沒有哪一位父母對孩子做過這方面的專門訓練吧？

在獨生子女家庭，子女倍受嬌寵、溺愛，只恨摘不下星星，擒不住蛟龍而不能滿足孩子的一切慾望，哪裡想到要使孩子受孤獨、耐寂寞呢？

西方式的教育則不同。在歐美各國，父母在旁陪伴孩子進入夢鄉的情形非常少見。有的時候，即使聽到孩子在夜裡的小小啼哭，父母也相應不理。雖然這種放任式的教育方式在東方人看來有些令人難以接受，但是，讓孩子從小就學會忍耐孤獨與寂寞，懂得孤獨與寂寞的滋味，對於孩子的自強、自立、是有益無害的。

古人說：「吃得苦中苦，方為人上人。」這裡所謂的吃苦，很大程度上也就是指的忍受孤獨與寂寞。孟夫子所說的餓其體膚，勞其筋骨，也是同一個意思。

如果從小就體驗過寂寞滋味的孩子，日後可能比別人更能甘於寂寞，因而更具有自立精神。

第一式 不要嬌寵放縱孩子，不必逃避失敗。凡是力所能及的事情，父母不必越俎代庖，讓孩子從孤獨中學會自己照料自己，進而去嘗試自己從未做過的事，哪怕遭到失敗也在所不惜。付出的是孤獨和寂寞，得到的將是成功和喜悅。

第二式　讓一個小學五六年級的孩子獨自看家，是培養孩子忍受寂寞的一種有效方法。只有一個人在空洞洞的房子裡，一個人寂寞地做著作業，打理吃喝的，這種滋味對小孩來說，是很難忍受的。雖然這多少還帶點冒險性，然而，經過獨處經驗的孩子，必能去除撒嬌的心理，早日脫離對父母的依賴。不過，安全問題須事先加以充分對他說明，例如，不能到陽台去玩，不用的電器插頭要拔掉，瓦斯要關掉等等。

第三式　孩子成人了，即使到了二十歲，他仍然還是你的孩子，你有責任教導他如何在未來取得事業成功的方式。這裡最重要的一點就是忍耐寂寞。要使孩子懂得：要想成就一番事業，就得先學會忍耐寂寞。一方面寂寞表現為長期的埋頭苦幹為事業放棄休息、遊樂、歡笑；另一方面，寂寞又表現在奮鬥中的孤苦無依，必須勇敢的獨立作戰。

第四式　在孩子懂得需要努力和成就事業時，你應及時給他創造條件，這條件既是物質的，也是心理的。比如，給他一個單間房，並告訴家人少去打擾他等等。如果他最初還不能抵制外來的干擾，你可在他房間的醒目的地方貼上一張鼓勵的標語：人當然不能拒絕多方面的生活，但也要經受得住寂寞的「煎熬」。

告訴你的孩子，寂寞並不是壞事，只有能忍受孤獨、甘於寂寞的人，才可能對人類作出巨大的貢獻。

第39招

聰明莫被聰明誤

我們知道，一個人的才智，是由遺傳、環境教育和個人努力這三種因素來決定的。其中起主導作用的是教育，一個人聰明與否，主要取決於後天的環境教育與個人的主觀努力。許多實例證明，良好的教育、適宜的環境，將會使孩子的天賦，得到最大限度的發揮。如果是聰明的孩子，那就會越來越聰明。由此可見，我們絕不能因為孩子聰明，就不進行教育和引導了。玉不經琢磨，只能是一塊石頭。

孩子天資聰明，智力超常，其特點為：精力充沛、思想活躍、記憶超人、感覺敏銳、理解深刻、求知慾強、愛好廣泛等等。如果你的孩子具有這種難以置信的天賦，確實是個了不起的神童，那麼，你這個做家長的將面臨著一項艱巨的任務：就是不要吹捧，不要向別人炫耀，而要幫助他在一片讚揚聲中清醒地認識到，自己跟其他人一樣，沒有什麼可值得讚揚的特殊品質。事實上，卻很少有人能做到這一點。

至於聰明孩子發展前途，可能是各種各樣的。在少數情況下，早期快速發展的背後確實孕育特殊的才能，而在更多的情況下，其發展速度會逐漸慢下來，最終變成了普通水平。

一個曾經大有希望的孩子。後來卻有負於希望，對這樣的孩子恐怕不能說是天才的埋沒。孩子的家長，應正確對待這一事實。超越自己年齡的發展對於判斷兒童未來發展，還不能提供可靠的依據，但也不能排除早期發展而後又發生飛躍的可能性。在利用發展的速度，促進早期教育的同時，有一點必須注意，不要將孩子全面發展的某些活動（如遊戲、繪畫、音樂、積木、樂高遊戲等等）過早地從兒童生活中取消，否則孩子的個性得不到很好的發展。這也往往是我們教育失敗的一個重要原因。這些都說明家長正確而及時地對孩子實施教育是非常重要的。

第一式　掌握特徵，適時教育。父母要根據孩子的年齡特點，啟發和培養孩子的學習興趣。因為孩子聰明，應設法使他比一般兒童多學一些知識，但對知識的掌握，都得有一定的規律，任何聰明的孩子在接受這些知識的時候，都不能違背和超越這種規律，如果急於求成，就會給孩子帶來過重的精神負擔，挫傷他們學習的積極性和主動性，反而欲速則不達。

必須注意的是：每個年齡段的孩子，都有其特殊接受能力，而聰明的卻會更快、更多地掌握各類知識。所以，家長們適時而恰到好處地灌輸，將會使孩子為下一階段的學習打下良好的基礎。

第二式　因勢利導，定向培養。父母要十分珍視孩子正當的興趣愛好，這是孩子成就事業的起點。對於孩子的特長，父母要有意識地引導和培養，使其形成優勢，這就叫「定向培養」。這樣，孩子就能發揮自己的特長，將來才可能有所建樹。

第三式　聰明的孩子，一般求知慾和上進心都比較強，父母要倍加關懷和保護，鼓勵他們進取，千萬不要助長他們的天之「驕子」或天之「嬌女」。

有些聰明的孩子，覺得自己比別人懂得多，腦子反應快，因而孤芳自賞，自命不凡。對此，家長應在不傷害孩子自尊心的前提下，要經常提醒他們。可以這樣說：「你的確很聰明，但如果你過於驕傲，我想這會妨礙你的進步。」

與驕傲有密切聯繫的是嬌氣，它同樣是某些聰明孩子思想意識上的一個弱點。這樣的孩子，一般都性格脆弱，自尊心比較強，順利時興高采烈，一遇挫折就情緒低落。因此，要告訴他們，世界上沒有一帆風順的事，不管做什麼事都要有鍥而不捨、持之以恆的精神。

第四式 要像一個好的教師那樣，培養孩子不斷求知的能力。這是孩子奮鬥成才的一個法寶。這個法寶主要指的是學習方法，因為從某種意義上講，好的學習方法（事半功倍）比單純的「勤奮」、「刻苦」更為重要。

總之，以上這些方式，可以說是教育聰明孩子的一點基本法則，有聰明孩子的父母如果能做到以上這幾點，那麼，聰明的孩子將會更聰明。

第 40 招

習慣，影響人的一生

習慣，就是在一定刺激作用下，逐漸形成的一種自然定型的行為或傾向。它不需要特別注意，就會自己表現出來，而且不容易改變。

俗話說：「習慣成自然」。孩子的習慣並非與生俱來，而是在長期生活中逐漸形成的。最初，孩子是不自覺地按照自己的愛好、性格、脾氣去生活行動，去處理、安排自己與周圍的人、事的關係，慢慢地這種安排就發展成為一種作風，一種較少變化的行為方式，它就是習慣。

習慣好壞的形成，可以說與父母教的好壞成正比。孩子的許多行為絕大多數都是在後天形成的，因為成人的一舉一動，都會成為孩子的範例，孩子能不能養成一個好的習慣，並不完全取決於家長的願望，而父母卻是孩子出生後所遇到的第一位啟蒙教師，家庭又是兒童生活活動的重要場所，因此，父母對於孩子未來成為一個什麼樣的人負有無法推卸的責任，父母的義務就是要隨時注意，及早矯正孩子的不良習慣。

例如，孩子哭了，如果每次都立即去抱他，過不了多久，他就會養成愛哭鬧的習慣。要是遇到另一種情況，除了必要的照料，沒有人過多地去抱他，那麼，他就會習慣於安靜地躺著，而把不習慣的行為則看成是違背他們生活願望的事。養成良好的習慣，如：行為習慣、學習習慣、生活習慣等等，這對孩子一生的工作、學習都將帶來極大的幫助。如果孩子無理取鬧，並以哭來要挾時，父母就百般遷就，那良好的習慣就無法養成，這裡，將要告訴你的，是如何更早地、更有效地幫助孩子克服、糾正生活學習中所遇到的各種不良習慣。

第一式 當孩子哭鬧來威脅你時，無論是嬰兒，還是兒童，他們絕大多數都已掌握了這一有力的武器，他們的想法大都一致：不滿足我的要求，就哭。遇到這種情況，你首先要做的是堅決拒絕無理的要求，事後再向孩子講明為什麼你不答應他的原因。

第二式 嬰兒還小，他聽不懂，也無法理解，如果他不是因為身體的某一部位不舒服，你就只好置之不理，他最多也只不過哭他半小時，這時，做母親的也許不忍心看著孩子這樣可憐巴巴，想去抱抱他，做父親的就應該勸說妻子暫時離開孩子，直到孩子安靜之後才回來。也許有些做分親的也很不耐煩孩子的哭聲，即使你再不願聽到孩子的哭聲，你也應該忍耐下去，否則，孩子的哭鬧將會嚴重影響你今後的生活秩序。

第三式 如果孩子仍不聽你的勸告（這適合於三到五歲的孩子），你就必須告訴孩子：「如果你再這樣下去，任何時候我都不可能滿足你的要求。」「你不聽我的話，你就站在這裡哭個夠，天黑了我也不會來抱你。」雖然你的威脅有點過分，但也應該讓孩子明白，你是有能力對付他的。

第四式 關於孩子學習上的行為習慣，告訴孩子：「你一生不論工作還是生活，都離不開學習，只有熱愛學習，善於學習的人，他的生命才能放射出異彩，才能在事業上獲得滿意的成功，才能在生活上擁有各種機會。」如果孩子上學了，朦朧中也許他會理解你的意思，自覺學習，努力上進。反之，一個好吃懶做的孩子，他絕不會在學習上有什麼進步，更談不上取得優秀的成績，這時的你，就需在培養他的良好學習習慣上下功夫，使他明確學習的目的和重要性。

你的行為是最好的教導，如果你能堅持學習，勇於探索，那麼，生活在這個家庭裡的孩子也一定會有較強的自覺性，只要隨時提醒、告誡孩子，並充分滿足孩子學習上的正當要求，我相信再不愛學習的孩子也是可以改變的。

第五式 生活上的習慣行為，也是體現孩子家庭教育好壞的一個準則，好的生活習慣會使孩子生活井然有序、生氣勃勃，幫助他健康成長；壞的生活習慣會使孩子的生活雜亂無章、死氣沉沉，不明不白。例如，孩子早上好睡懶覺，飯菜掉滿桌，睡覺不洗腳，上廁所後不洗手。如果你的孩子是這樣，你將會怎樣呢？其實，你也不用著急，只要你在幫助孩子克服這些壞習慣的同時，給孩子制定出一套嚴格的規章制度，逐步改正他過去的壞習慣，要耐心，要堅持你的計畫，半途而廢會使你得不償失，這也說明你能力欠佳。

第六式 孩子吃飯不守規矩，你就必須警告他：「吃飯要有吃飯的樣子，你要再把飯菜攪得四處都是，你就馬上給我離開餐桌，同時等一下由你來擦桌子。」如果在下頓飯時，他仍這樣，你不得不狠下心來餓他一頓，直到他認識到自己的行為已影響了一家人的正常吃飯秩序為止。生活上的其他方面也一樣，一日三頓按時吃，自己的事自己做，洗臉、刷牙天天按時進行。如果從小養成了好習慣，就不必頻繁地提醒和督促了，這對大人們也帶來諸多方便。

第 41 招

興趣比成績更重要

人的巨大潛力是與生俱來的，即便是幼兒，他們的天賦才智也足以令人驚嘆。對幼兒來說，我們不僅要告訴他花是什麼顏色，更應該培養他對花木的興趣，要知道，你所面對的也許正是一位未來偉大的植物學家。

心理學研究證明，幼兒時期是人智力發展的關鍵期，假如不進行早期教育，孩子的一些能力便得不到正常發展，等一切都定型以後再想改變就很困難了。嬰幼兒就像一團柔軟的麵團，捏它方就方，搓它圓就圓。如果等到它變得僵硬時再要改變，效果就很可能適得其反。

每個幼兒都有各自的特點，對他們的教育很難找到一個統一的、一成不變的模式。必須根據每個幼兒的發展情況和具體特點，有目標地、恰到好處地用各種不同的方式方法，去進行德、智、體、美等方面的教育。

兒童心理專家表明，人一生下來就具有潛在能力，嬰幼兒有著驚人的能量，只要不失時機地在幼兒智能發展的時期，給予適宜的教育和刺激，幼兒的潛在能力就會得到迅速發展。

本招將向各位年輕的父母介紹幾種幼兒早期教育的基本方法，期望你們都能成為向幼兒進行早期教育的好老師。

第一式 從訓練五官開始。人的智力都是通過五官（耳，目、口、鼻、皮膚）來體現的，而挖掘、開發大腦的潛力亦須從訓練幼兒的五官著手。眾所皆知，人體的任何活動都是受大腦支配的，通過對大腦支配的五官的訓練，反過來，就可加速大腦的發展。例如，為發展幼兒的聽覺，可讓幼兒聽悅耳的音樂、也可以朗頌唐詩等等；為了訓練幼兒的表達能力，你可教幼兒說話，並且多和幼兒對話，給幼兒講故事，讓幼兒複述故事情節等等。總之，通過對幼兒自身的五官訓練，就會不知不覺地發展為智力，增長了他們的見識。

第二式 從語言教育入手。語言是接受知識的重要工具，為了充分開發幼兒的潛在能力，必須盡早地讓孩子掌握語言工具。當幼兒剛剛有辨別能力時，就可以拿很多東西給他看，同時用和緩清晰的語調重複東西的名稱。當幼兒稍微能聽懂說話時，家長就應不厭其煩地和幼兒對話，給他講故事，讓他擴大知識層面，發展想像力，豐富詞彙。

第三式 培養興趣。對幼兒來說，如果沒有學習興趣，一味地進行強制學習，這不僅學不好，甚至可能導致孩子對學習產生厭惡感。討厭學習的後果是可怕的，它很可能毀掉一個人的一生，只要孩子有興趣，主動地學習，再用功也不會損害神經。不論教什麼，首先要千方百計地喚起孩子的興趣，有了興趣才能開始教與學的活動。

第四式 注意方法應該採用啟發式，而不應採用填鴨式。填鴨式的壞處在於：由於幼兒的思想觀點是被別人硬塞進腦子裡去的，所以，幼兒的創造性思維和獨立思考的能力得不到發展，結果只是鸚鵡學舌，把孩子培養成木偶人。有經驗的父母，不是簡單地給孩子灌輸思想和知識就夠了，還要重視開闊孩子的眼界，利用一切機會來啟發孩子的興趣，拓展孩子的見識領域，例如，常帶孩子出門旅行、參觀、郊遊等等。

第五式 在遊戲中學習。遊戲是幼兒的一種本能、樂趣，同時也是幼兒接受知識、發展智力、形成思想觀點、養成行為習慣的最好途徑。所以在教育幼兒時，一定要在幼兒遊戲上動腦筋、花力氣。遊戲的方法很多，幼兒模仿能力強，所以應先從模仿性遊戲入手，以後隨著知識與智力的發展，逐步引導他們進行創造性的遊戲。藉各種各樣的遊戲，幫助幼兒不斷地認識、理解和把握周圍的世界，挖掘其大腦的潛在能力，並發展他們的想像力和創造力。

第六式 走向大自然。大自然教給人們的知識是無窮無盡的。有經驗的父母常常利用一切可能，帶孩子到郊外去，以大自然為主題，邊欣賞景物，邊向孩子講解在大自然中所遇到的問題。在這種利用實物向孩子講述各種有趣的故事的過程中，可能涉及到動物學、植物學、礦物學、物理學、化學、天文學、數學等多種學科領域，並且，可達到進行德智體美各方面的教育目的。

做教育記錄。應該把每天教育孩子的經過、孩子的表現記錄下來，以便總結經驗，摸索教育規律，提高教育質量。能否堅持做記錄，關鍵在於父母是否有正確的育兒態度，是否具備滿腔熱忱和堅忍不拔的毅力。

對早期教育，我們不能單純理解為只是文化知識的教育，還應有品德教育、行為教育、衛生教育等等。實施早期教育，應當深入了解孩子身心發展的特點，配合他們的身體狀況、活動範圍、認知水平等等。

第 42 招

膽小並不是天生的

「我的孩子見了陌生人就躲」、「我女兒很怕黑」、「我家小華膽子特別小」我們常常可以聽到這些父母們的抱怨。其實，膽小的心理並不是與生俱來的。請你回憶一下，孩子小的時候，不是用手抓過火焰，逗過毛毛蟲，甚至還抓過貓咪的大尾巴嗎？「初生牛犢不怕虎」，當孩子不懂得什麼是危險的時候，他們是不會膽小、害怕的。隨著生活內容的增加，在生活實踐中，常會遭到某些傷害和影響而產生恐懼心理。由恐懼心理而導致的膽小心理，大部分是由於家長們的行為所導致的，當然，也有的是因為孩子無知莽撞，親身嘗過苦頭後才變得膽小起來。他們怕鬼、怕壞人、怕惡犬、怕老鼠、怕一個人待在屋子裡、怕閃電、怕打雷。

如果大人們過分膽小怕事，謹小慎微或者過於關心自己的健康狀況，稍稍有點不舒服就哼哼起來沒個完，都會令孩子膽小怕事。另外，家庭中經常打架吵嘴，孩子幼小時與父母分離，用恐嚇及打罵方法教育孩子，以及看驚險的電影，聽鬼怪的故事和在黑暗中受過驚嚇等，也都會造成孩子情緒緊張和恐懼的心理，使孩子變得特別膽小怕事。

從保護兒童身心健康出發，對膽小的孩子應及早採取措施。如果你沒有找出孩子膽小怕事的真正原因，而是以自己的感覺和認識來看待孩子的這些舉動，那麼，你將無法改變孩子行為，而自己最終也將吃盡苦頭。現在看來，無論你怎樣地不耐煩或者灰心喪氣，幫助孩子矯正膽小怕事的心理狀態，都是刻不容緩的。

第一式 孩子聽了鬼怪迷信故事或看恐怖鏡頭時，不要加油添醋，製造恐怖氣氛，而應向孩子說明，故事是虛構的，鬼怪並不存在。在這方面，首先是你自己要消除驚恐心理。父母的語言、表情、態度和行為對孩子來說是最好的典範，否則，孩子會以為這一切都將全是真的，到了夜晚，床頭也一定會出現一些妖魔鬼怪。

第二式 孩子怕雷鳴閃電，你不要說：「別說話，雷公要來了！快到這裡來躲著。」也不要捂著孩子的耳朵，以聽不見雷聲來消除孩子的恐懼心理，你應拉著孩子站在屋簷下看看天上變幻的雲彩、美麗的閃電，並指著雲對他說：「這裡像一座山，那裡像一隻狗，這是狗的尾巴，那是狗耳朵。」閃電時你可以說：「這閃電像一條彩帶，多好看！」切不可以雷公要打人的迷信恫嚇孩子，否則，孩子不但不能欣賞美麗的景象，而是一見電閃雷鳴就會驚恐萬分不堪自恃了。

第三式 孩子怕黑，也是他膽小的一個原因。晚上關燈以後，他的想像力也豐富起來，他會把房裡物品的黑影想像成什麼「野獸」「鬼怪」，而你即應告訴他：「家裡沒有你想像的那些動物，你看這是衣櫃，這是吊扇，還有你喜歡的娃娃，看清楚了沒有？」不可對孩子說：「再不閉上眼睛，紅衣女孩會來找你哦。」或者「不快睡覺，大灰狼就會來的。」

所以，在小孩的房間，應該準備一盞柔和的小夜燈，不要完全黑忽忽的，連要上洗手間都找不到拖鞋。

第四式　有的孩子特別害怕陌生人，這是因為他們過分依戀父母，不願和父母分離的表現。其實，如果多帶孩子外出，或走訪親戚朋友，或上公園去人多的地方，這樣孩子既享受到了大自然的厚愛，也嘗到了社會生活的許多樂趣，擴大孩子的社交，而漸漸地他們對陌生人就不會那麼戰戰兢兢了。

第五式　告訴孩子，世界上的許多動物都是溫馴可愛的。以現身說法來消除孩子的緊張情緒，如：當著孩子的面戲逗動物或觸摸動物，同時，用動物玩具來激發孩子對動物和昆蟲的樂趣，鼓勵他接近和觸摸動物和昆蟲。但對凶猛的野獸，你要教給孩子了解它對人體的危害、以及如何防衛。

家長們只要教育得法，注意灌輸科學知識，運用榜樣的力量，培養孩子勇敢的精神和堅強的意志，膽小的心理是不難克服的。

第43招

可怕的不是失敗

孩子做事難免會失敗，不過，他是否會再犯同樣的錯，或者能否以此引以為鑑，則要看父母對於他的失敗案例，採取何種態度了。

日本松下電器企業的松下幸之助，是以知人善任而著名的人。例如：長年為松下企業效勞的後藤清一，擔任廠長的時候，工廠曾因電線走火而發生火災。發生這樣的事，工廠的負責人通常都要受降職處分，嚴重的話，甚至革職。但是，松下在聽完後藤的火災報告之後，只說了一句：「一切辛苦你了。」便不再追究責任。

當然，松下並非一個不講原則、感情用事的人，據說他平常對後藤，連打電話的說話方式都會嚴加要求與責備。

換言之，松下對於小事，要求得十分嚴格，但對於大事，則很少責備，難怪他會被譽為偉大的經營家。他的這種責備方法，可以說是一種相當了解部屬心理的責備法。

大部分的人，包括孩子在內，做事情失敗了，在受到批評之前，都會先痛心反省一番。因此，如果再受到責備，就常會產生一種心理，認為既然已經受到責備，就可以抵償失敗的過失，有的人甚至會產生反感，懷恨在心。所以，對於失敗的責備，很難期望能收到預期的效果。

父母責備孩子的失敗也是這樣。如果一味地責備孩子的失敗，孩子會對責備本身引起反感，反而不肯反省。然而，時下的父母，仍然會不自覺地在孩子失敗時對他說：「你看，你又錯了？」尤其是孩子不理父母的苦口婆心的勸告，一意孤行而致失敗時，父便會是要對孩子強調：「叫你要聽我的，你就不相信！」

這種希望孩子確認父母判斷正確的心理實為人之常情。但是，如果因為孩子失敗，就連帶地否定他的判斷，孩子本身就會失去自信和判斷的意慾，只肯依賴父母的判斷才能行動。怎樣責備或者教導孩子正確認識、分析失敗的原因，也不失為父母教子的一大藝術。

第一式 允許失敗，誏孩子從失敗中求取經驗和教訓。孩子提出的事。雖然明知會失敗，你也要讓他去試一試，俗話說：「失敗並不可怕，可怕的是不肯去做。」如果對孩子的某些衝動幼稚的想法，你用輕視或不信任的態度去阻止他，無形中將會扼殺孩子用自已頭腦思考、判斷的能力，結果就養成了他一味順從的習慣，失去自立果斷的精神，所以，為了使孩子發展無限的才能，應鼓勵他們去嘗試危險和失敗。

第二式 積極的鼓勵比消極的刺激好得多。不要對孩子說這樣的話：「看你，這種事都做不好，有什麼用！」「又失敗了不是！我看你根本不是做這事的料！」而要說：「失敗沒關係，再試一次，或許你還會發現更新的好辦法呢！」

第三式 如果孩子肯為自己的失敗反省，父母與其再指責，不如保持沉默，多餘的責備只會促使孩子受傷而已！與其說：「不許失敗！」不如說：「失敗了也沒關係。」

每一個人，在開始嘗試一件新事情時，都不知道是否會失敗，但是如果不做，便永遠不會有成功的機會。有位大企業家曾說：「不要擔心失敗，該擔心的是，為了怕失敗而不敢做任何事。」憑著這個信念，這位企業家不斷地開發各種新技術。

對於父母教育孩子，這句話亦具相當的參考價值。

因為，假如孩子欲做某種新的嘗試，而父母較容易看出此事有否可行性，便會告訴孩子：「不許失敗！」或「不能做錯！」這種方法，不但不能鼓勵孩子，反而會增加孩子的壓力，使他畏縮不前。

有時，孩子聽到了是否會失敗的暗示的話語，反而更易失敗。而且，因為太過於害怕失敗，孩子便會認為，如果不做，便不會失敗，如此一來，便會失去嘗試新事物的意欲，對一切事物都缺乏勇氣去做，這種對失敗的恐懼，對孩子的將來實在有莫大的害處。

第 44 招

說髒話並不是幽默

沒有任何人或任何證據可以斷定孩子講髒話的習慣，是打從娘胎裡帶出來的。父母也常常為孩子講髒話而感到羞恥，在朋友面前，當你第一次聽到孩子說髒話，或重複父親最常說的一句髒話時，你恨不得給他兩嘴巴或鑽進地洞裡去。

誰都知道講髒話是很沒教養的一種表現，當你第二次聽到這些話的時候，你就會擔心孩子可能會把這些髒話掛在嘴邊，以此炫耀他是多麼幽默、多麼威風！這些話能使父母和朋友們哈哈大笑，也能使他們臉紅、尷尬或者憤怒地叫喊，還能使他的小夥伴們捧腹大笑，證明他是一個有影響力的人。

不要等到你聽到孩子講髒話以後，才想到該治治他了。事實上，多數孩子在三歲時就開始說諸如「笨豬」「狗屁」「媽的」之類的髒話了，他們不是從電視、鄰居或朋友那兒學來的，而最初是從父母口中得來的，他覺得這些話很有趣，而且還挺管用。就是在孩子長大成人後，他仍然覺得這話有相當大的威力，儘管它在社會上是不受歡迎的。

有時候，你會因為他的髒話而憤怒地喊道：「你究竟是從哪裡學到這些髒話的？」或者「你從哪兒得了這麼髒的臭嘴巴？」你說這話會使孩子覺得他所具有的威力比你大。而且你忘了上次砍傷自己的手時，你不自覺地脫口而出：「真他媽的，我怎麼這樣衰！」

當孩子聽慣了這類的髒話後，他也覺得說這些話真是太有意思了，而且也可以發泄一下自己的不滿。孩子們習慣上講髒話是他們認為，會講髒話是有能耐的表現；如果挨了別人的罵，自己能回他兩句才不會吃虧；還有是大人們能講的，我說幾句沒什麼了不起的。

看來在解決孩子講髒話的問題上，先要檢點自己的語言用詞，才談得上去幫助孩子。

第一式 糾正孩子的粗言穢語，除父母首先帶頭不講以外，還要聯合家庭其他成員以及親戚、朋友、鄰居等，互相督促、提醒，徹底改掉多年來養成的這句口頭禪（媽的、畜生等），做好孩子的榜樣，養成尊重他人才是一個人應有的良好習慣。

第二式 如果你做到了第一式，那麼，你才有充足的理由去對付你的孩子。假如孩子在朋友家中或公共場所時，要向他講明這裡不是你講髒話的地方，如果他聽不進，那你要立即告訴他：他必須馬上回家。記住，只有當他總這麼做時，才用此法。為了強調後果，你必須讓他知道：他的行為有必要讓你離開這裡。始終如一地貫徹你的方法，先講道理，說明你的規定，然後才是懲罰，而且你還知道什麼樣的懲罰對他才會產生作用。

第三式 對於三至五歲的兒童來說，他並不理解說髒話的全部意義，他只是覺得好玩。所以，一開始最好不要對他說的髒話做出反應，儘量不理他。他長大以後，會由於我們面前所提到的，說一些髒話，講了多次以後，他就會失去興趣。

第四式 如果孩子並不理睬你的態度怎樣，而且連續不斷地說著那些髒話，那你就不能不管了。如果是在家裡，那麼就把他關進自己的房間，讓他說個夠，直到他不再說這些話為止。這種隔離式的方法也很有效。它與第三式的意義一樣，講多了，又沒人聽，他就會自覺沒趣。而在公共場所的情形就不一樣了，如果孩子還很小，而你又要帶他去，那你就要對他說：「記住我們的約定：如果你想說髒話，可以在自己房間裡說，而不是在外面或在朋友面前。」不要回答孩子的為什麼，只告訴他這是你們之間的約定。你是家長，他是孩子，你有權讓孩子絕對服從你。

第五式 在你教育孩子的過程中，你必須繼續給你的孩子加深這樣的印象：他的行為對你極為重要，你把糾正他的錯誤視為自己的工作。同時，你對孩子講髒話也不要過於敏感。從表面上看，似乎他想毀掉你的社會地位，其實孩子只是想測試一下他有多大的能力和你有多大的權威罷了！

第 45 招

自信的孩子不羞怯

怕羞的孩子常避免與人交談或接觸，而且還經常表現出靦腆、易受驚嚇、對人持懷疑態度，羞怯、謹慎、保守的性格特徵，他們在公共場所不喜歡和別人談話，也不肯帶頭或者自願做些什麼事，經常保持沉默，說話輕聲細語，目光避免與他人對視。一般人都認為他們呆板、乏味，不願和他們交往，這更加重了他們的羞怯。

某些孩子不夠開朗，不善言談，而另外一些孩子則以單獨活動為樂，這與膽小的孩子不同，後者常感到自卑，這大部分是由於他們自身的心理因素所引起的反應。膽怯的孩子交際貧乏，不能很好地表達自己的意思，對社交的畏懼，更使他們顯得笨拙，不善言談。有些孩子在外不合群，但在家裡則像變了一個人。如果孩子在家中也膽怯的話，問題就比較嚴重了。

膽小怕羞的孩子缺乏社交能力。他們對別人不感興趣、不善交際或不會對他人表示同情和體諒。有陌生人在場或者要他們幹一件以前從未幹過的事時，他們便會感到非常為難。因此，他們很少受到別人的讚許，同學也不願接近他們。

是什麼原因造成孩子羞怯的呢？

（一）是不安全感。有不安全感的孩子從不願冒險衝在最前面而暴露自己，他們缺乏自信心。由於他們事事畏懼，缺乏社會經驗和別人對他們的讚許，因此便導致了他們越來越怕羞的傾向。（二）是過度關心。父母過度關心自己的孩子常使他們行為消極、依賴性強。由於他們缺乏冒險的機會，而變得安分守己、被動、膽怯。這類孩子只喜歡得到幫助，因為他們已習慣於父母為他們安排好的一切。（三）是奚落。常受到嘲笑、戲弄的孩子，很可能變得膽怯。（四）是恫嚇。有些家長常常威脅孩子、時時懲罰孩子。面對不斷的威嚇，孩子往往容易變得懦弱，他們以退避三舍作為應付恫嚇的方法，他們對人的態度也隨之變得謹小慎微、優柔寡斷。（五）是性格內向。有些孩子似乎生來就十分膽小容易怕羞，性格內向，有證據證明這與遺傳很有關係。

當然，造成孩子羞怯的原因還有許多許多，現在的主要問題是該如何幫助孩子去克服這種羞怯心理。

第一式 多給孩子一些接觸外界的機會，讓孩子得到更充分的社會養分。在獨生子女的家庭中，孩子與同齡人接觸少，如果父母發現孩子喜歡孤獨，不願與其他小夥伴交往，那麼，你就得注意他是不是已養成了這種孤僻的習慣，從而也許會導致羞怯的性格。所以，從孩子很小的時候就儘可能多讓他與小夥伴們愉快地在一起玩耍。可以拜訪有一個和自己孩子同齡的孩子的朋友家和親戚家，以防患未然。

第二式 給孩子必要的鼓勵和獎賞。如果你的孩子特別怕羞，那麼有必要找一個或兩個開朗的孩子作為玩伴，獎賞孩子良好的習慣非常有效。孩子在社會方面的任何一點進步都應該用微笑、讚揚的話或者肯定的舉動來鼓勵。不應該讓孩子長期與人隔絕，應該避免一天幾小時的單獨遊戲或看電視。

幫助孩子了解人與人之間的關係是有益無害的。你可以告訴他別人的想法、及如何行事，這樣一來，孩子就能較好地理解他人的行為而不致被誤解了。

第三式 鼓勵自信和自然的天性。當孩子們表現出自信和自然的天性時，應該給予表揚和鼓勵。當孩子們自由自在地交談，玩遊戲時，家長應該因為他們玩得快活而讚揚他們，切忌因為吵鬧或搞亂房間而指責他們。告訴孩子，他們沒有必要和每個人都相處很好，不被某些人喜歡和不喜歡某人是自然的。在家中，孩子們應該學會忍受嘲弄而不要表現得出格。讓孩子學會應付困境和衝突引不要逃避。

同時也不要過度袒護孩子或為孩子做出一切決定，對孩子太嚴格、期望過高或者嘲笑他們、輕視他們，都會阻止孩子樹立自信心。

第四式 避免對孩子說：「你是小孩子，不可以這樣……不可以那樣！」一類的話。允許孩子在可能的情況下說「不」，尊重他們的自由。當孩子受到「無條件肯定和獎勵」時，便感到自己被人愛，被人需要，他們是安全的。家長應該鼓勵孩子把握環境，幫助他們感覺自已的能力和重要性。應該給孩子分擔一些稍有難度的任務，這樣他們就可以經常體驗成功的樂趣。不要讓孩子等待好運的降臨，而應該鼓勵孩子去積極、主動地獲取他們所期望的東西。

第五式 鼓勵孩子主動出擊。教孩子想要什麼就要什麼，他必須學著克服懦弱、畏懼和表白自已時的窘迫。同樣重要的是當他不想做什麼事時要說「不」。讓他公開表露自己對某事或某人的肯定或否定的感情，要求他們把自己的想法告訴別人。如果孩子們想玩某一個遊戲或者改變活動類型，允許他們有禮貌地、有條理地表達自己的觀點。

第六式　多讓孩子參加一些有趣的集體活動。這樣，怕羞的孩子自然而然會講話。還應選擇一些有助於孩子們互相交流、互相幫助的遊戲。如捉迷藏、老鷹捉小雞、表演節目等，在遊戲中，讓羞怯的孩子充分發揮自己某一特長的才能，這樣會使人們對他刮目相看。通過實踐激發孩子的自信心，隨著孩子行為的改變，怕羞的心理也會隨之消失。

第 46 招

指導孩子面對死亡

假如死亡對於成人是一個謎的話，那麼對孩子來說更是一個神秘得不能再神秘的謎。儘管成人對死亡這一事實或多或少地避免談論，但是，當我們必須向孩子解釋這個問題時，它變得更為恐怖了。小孩子不能理解死亡是永久的，這一分離既不是他的父母親也不是師長所能挽回的。孩子面對著死亡的無能為力，對他說來，是一個嚴重的打擊，這動搖了他的信心，使他感到沒有能力去影響他所盼望的事情，感到軟弱和不安。孩子所知道的只是，儘管他流淚和抗議，可愛的動物或親人再也不能和他在一起了。結果他感到自己被遺棄，失去了愛。他的這種恐懼心理，從他常常這樣問他的父母可以反映出：「你死了以後，你還愛我嗎？」

作為父母，可能對描述死亡的感受和想法深感不安。從某種意義上說，重視孩子會從你那裡感受到不安是非常重要的。如果孩子對某位親人的死亡沒有任何反應，那麼，家長應該與孩子探討一下這個問題。也許有些家長會問：「我為什麼要使我的孩子心神不安呢？」是的，也許，你能引起他的不安。但是，如果你能鼓勵孩子並分擔他對這問題的困惑和不安，那麼，這就是他認識生活中這種悲痛的問題的開端。

為了幫助孩子對死亡有正常的情緒反應，下面是幾個具體的建議。

第一式　孩子悲傷的權利是不應該被剝奪的，他對失去他所愛的人應該無拘束地感到悲傷。當死亡發生時，不告訴孩子發生了什麼事，他就仍然可能被一種不可名狀的不安籠罩著，他可能用他自己的、可怕的、混亂不堪的解釋，來填補他知識的空白，他可能為喪失親人而責怪自己，才能感到自己不僅與死者永別了，而且與活人也分離了。

當孩子失去親人時，幫助他的第一步是允許他們充分地表達他們的恐懼、幻想和感情。

如果你能關注地聽他的表達，和他分擔他那深厚的感情，他就會感到安慰。比如，在喜愛這孩子的祖母死後，你可以說：「你想奶奶，你希望她能和你在一起。」或「你希望她還活著，很難相信她再也不能和我們在一起了。」這類話語能使孩子覺得父母對他的思想感情感興趣，並能鼓勵孩子分擔他們的恐懼和幻想。

第二式　在和孩子談論死的時候，最好避免委婉的說法。如果你告訴孩子，他的祖父永遠睡著了，他就會問他是否帶上了他的睡衣，他還害怕爺爺生他的氣，因為他在他睡去之前沒有向他道「晚安」。因此，對這些問題的回答應該要簡短而真實：一個人死了，是永遠不能活過來了，每一個人老了之後都會死亡的，死是很自然的事。

第三式　如果孩子不滿六歲，他可能還沒有意識到死是什麼。你必須對他解釋：「這意味著我們不能再看到爺爺，因為當人很老的時候，他們已經生活了很久很久，他們的身體不能再工作了，當我們老的時候，我們也會這樣。」

第四式　告訴孩子，如果他問你一些不能回答的特殊問題時，你可以拒絕回答，或者說：「我不知道。」他所提出的大多數問題，一般都意味著他對死亡感到擔心，所以，你平常對死亡的態度就必須是鎮定、悲傷但卻不是恐懼、害怕。

然而，面對非自然死亡，即不治之症或意外事故時，你也可以解釋說：有些病專家還沒有找到解決的辦法，但將來一定會有辦法的！」「意外事故大部分都是人們不小心所引起的，因此只要事先做好準備就不會有問題！」

第五式 教育孩子，即使不去特意翻閱教育方面的書籍，自己身邊也會有很多活生生的材料。對孩子來說，他們首先提出的疑問就是生死的問題。為此，有的學者提出，家長在參加葬禮儀式時，最好把自己的孩子也帶去。帶孩子參加婚禮固然很好，而參加葬禮儀式也有很特殊的意義。

帶孩子參加葬禮，可以在不講話，不吵鬧方面使孩子得到訓練。在那種大家都默默地不言談，不喧鬧的肅穆氣氛中，訓練孩子像大人那樣保持默哀的能力。同時，在那樣嚴肅地與親人或朋友告別的時刻，促使孩子去考慮活的人總是要死的這個道理。這種嚴肅而哀痛的事情，應盡早在孩子的心靈上札根。這樣，孩子就會理解到，活著的人原來是會死的，因而，就會珍惜自己的一生，同時也會對自己周圍人的生命更加珍視。

第 47 招

重要的是心理平衡

不管孩子對什麼人、什麼團體、什麼事件有什麼感受、看法、評價，如果他覺得非說出來不可的話，那就讓他說吧！不吐不快的話老悶在心裡，那該有多難受！所以，要保持心理健康，首先就要保持心理平衡。

父母應該讓孩子通過語言把他們所有的感情——積極的和消極的——都表達出來。遺憾的是，父母往往不鼓勵孩子用語言表達他們的某種特殊感情，特別是他們消極的情緒。比如說，一個小孩因為對母親說了一些帶消極情緒的話，他們就會被罵上兩句。當孩子淘氣的時候，是斥責呢？還是馬上制止呢？還是另外有什麼辦法呢？如果你一時不知所措，那麼，你不如佯裝不知道，暫不理會，孩子一般就不再淘氣了，其消極情緒很快就會消失。當然，更多的時候，你應該採取更積極的措施。

第一式 可以允許孩子表達積極的感情，也允許表達消極的情緒。允許孩子說：「我愛妳，媽媽。」一類的話，也應該容許孩子說「我對妳很生氣，媽媽。」之類的話。讓孩子把消極的情緒都發泄出來，以達到心理上的平衡。

第二式 讓孩子自由表達感情是你所能給予孩子的最大的禮物之一，儘管實行起來會很困難，但它無疑是很必要的。有時候，你還應該幫助孩子正確地表達感情。如你的孩子常常在家裡說一些對某位老師表示討厭的話。那麼，你就應該主動和孩子討論他的感覺，並引導他正確地評價自己的老師。但當孩子因為對老師發表不同意見而帶來麻煩的時候，你可以這樣勸他：「孩子，在家裡你可以自由地告訴我們你的想法，但在學校這樣做就未免不太聰明了。」

第三式 如果一個孩子從小就不准向父母表達自己的感情，那麼，成年以後他也可能不會讓自己的孩子自由表達感情。當你允許孩子向你發火時，你的腦子裡就會有一個微弱的聲音在說：〈你膽敢這樣對我說話——我是你的父親！〉或者你會想：〈這太無禮了，孩子一點也不尊重我了。〉當然這不是你內心的呼聲和想法，而是過去你父親發出的聲音。事實上，孩子尊重父母是因為他知道父母對生活有豐富的閱歷，而且是一個正直的人，他可以向父母尋求指導。允許孩子向父母表示氣憤與尊重父母毫無關係。讓孩子暢所欲言地表達他的感情，也是促進父母與孩子感情發展的基礎。

第四式 當你決定允許孩子自由表達感情時，「反饋法」的管教方法稱得上是最理想的。此法很簡單，當孩子向你述說感情時，請你做三件事——

（一）認真聽孩子講話；

（二）思考孩子所表達的意思；

（三）將孩子剛剛表達的內容用自己的話反饋回去。

當你採用這種方法之後，孩子會明白家長理解他了，因為他聽到父母說出了他的感覺。

下面一段對話，可以幫助你如何正確運用反饋法。

女兒：媽媽，我能跟妳談點事嗎？明天我們考數學，我真害怕考不及格。

媽媽：妳為什麼這麼擔心怕考不及格呢？

女兒：因這是新數學，與以往不同。前幾次考試成績都不錯，可這次我很害怕。

媽媽：妳害怕這次考試，是因為它不同以往，這次是新數學，所以妳害怕。

女兒；是的。這幾段我看了三、四遍了，到現在還是不明白。

媽媽：看了好幾遍還不明白，的確是讓人害怕。

女兒：是的。這幾段難懂的妳能幫幫我嗎？如果明白了原理，我想就沒問題了。

媽媽：你覺得難的是搞不懂原理，是嗎？

女兒：是的。

媽媽：我像妳這麼大時學的並不是新數學，那時候的數學我一開始也感到困難。不過我想我倆等一下，總會搞明白的。

女兒：謝謝妳，媽媽，妳真的理解我所想的了。

這位母親並沒有急忙對女兒進行表面的勸慰或建議，而是認真地聽孩子講，聽後也沒有嘲笑她，而是回應他的方法，讓孩子知道母親真正理解她的想法。

回應的益處在於：它可以使父母與子女間坦率地交談，讓孩子知道父母理解他的想法，使孩子明白他的感情是得到尊重和重視的，給孩子提供了一個發泄消極情緒的安全閥門。

第48招

與其嫉妒還不如發奮

可以說，生活在這個社會的大多數孩子，都有著不同程度的嫉妒心理。嫉妒心的表現直接反映在不願聽到別人在自己跟前讚揚第三者、喜歡第三者，不願看到別人在任何時候、任何地方比自已強，別人受寵他無法忍受。《三國演義》中有一個有趣的故事，叫〈三氣周瑜〉，是說周瑜嫉妒才幹超眾的諸葛亮，被諸葛亮用三個計策活活氣死了，周瑜死前，對天長嘆道：「既生瑜，何生亮！」你看，周瑜的嫉妒心多麼可怕！

我們的孩子，也許永遠不可能有這樣嚴重的嫉妒心理，但只要你生活稍稍留心就會發現：弟弟、妹妹嫉妒哥哥、姊姊享有較大的自主權和較多的優先權，而哥哥、姊姊又有可能嫉妒弟弟、妹妹得到父母較多的照顧，男孩子嫉妒女孩子受到特別的厚待，女孩子嫉妒男孩子被父母「重男輕女」，同學中的相互嫉妒，鄰居間互相攀比，這些不正常的心理表現往往妨礙一個人努力或活動能力的情緒，助長孩子們的自私心理，它是釀成人間悲劇的心理根源之一。孩子們為爭搶一個玩具、一件衣服、一樣食品而吵架，也有的為學習分數、工作成績而鬧矛盾，甚至造謠中傷，當父母的要注意，不要讓嫉妒之火燒到孩子的身上。假若你的孩子已經出現這種使人擔憂的心理行為，你該為他做些什麼呢？

第一式 你要告訴孩子：嫉妒是最要不得的心理，它會影響他的情緒，使他難以自拔。久而久之，他就會更加落後不如別人。越落後越嫉妒，形成惡性循環，對自已很不利。

第二式 如果孩子是因為別的同學成績比他好而嫉妒，那麼，你就要善於誘發孩子。告訴他，嫉妒別人的優點，恰恰說明了自己的不足，嫉妒別人是因為別人有超過自己的地方。要教育孩子發現別人的長處，不要嫉妒，應以此為動力趕超上去，促使自己更快地進步。

第三式 做父母的要一視同仁，這在一個多子女家庭中顯得尤其重要。孩子產生嫉妒心，常與父母的偏心有直接關係，如果你親一個、疏一個，這樣，被疏的孩子就容易嫉妒被親的。這樣的孩子多半是調皮任性，想「故意刺激」父母，來引起父母對他的注意。敏感的父母切不可存有這種偏愛心理，如果妳說「媽媽喜歡弟弟，不喜歡你」之類的話來刺激孩子，妳的親疏行為給孩子的心靈將帶來莫大的傷害。

第四式 在幫助孩子克服嫉妒心理的同時，還需要講究方法，應多表揚，多鼓勵，不要對孩子說這樣的話：「自已沒用，何必去嫉妒別人」或者「姊姊比你漂亮，你有什麼可說的。」這樣一來，孩子不但解決不了思想問題，還可能產生更嚴重的嫉妒情緒。這裡，家長要堅持正面引導，孩子的胸懷就會越來越寬廣，嫉妒別人的缺點就會逐漸克服掉。

第五式 孩子如果是被嫉妒者，那麼，你需要教育他寬大為懷，切不可計較對方，要關心、幫助別人，歡迎別人超過自己，這才是應有的風格。

需要強調的是，家長的表率作用是不可忽視的，嫉妒心強的家長教育孩子克服嫉妒心是很難有成效的。

第49招

讓傲慢無地自容

孩子的傲慢言行，大致都是從七歲左右開始形成的，他們的表現是：獨斷專行、高傲、目空一切。

父母常常會聽到孩子這樣的一些語言：「我們班上那個阿達，真傷腦筋，他連這個都不會。」以及「我才不像他那麼笨！」或者對父母說：「你沒看到我在忙嗎？」「你也可以叫妹妹去做！」孩子也可能會在鄰居面前說：「過來，媽媽，快來幫我做這個！」、「媽媽，你到底還要說多，都說一個小時了！」這時，你會羞得無地自容，恨不得給他兩耳光，或者說：「你怎麼能這樣跟我說話！你忘了自己姓什麼了嗎？」以及「如果你再這樣鬼叫，看我怎樣收拾你！」

孩子的這種行為，也許並不是故意想讓你在別人面前難堪，或者瞧不起你們，他之所以這樣做，是因為他把父母看成是與他的夥伴同一層次的人，他忘記了自己的身分，或許他根本沒有意識到這一點，他希望他也能像大人們一樣，用這樣的語言，來達到他命令的目的，以顯示他的力量有多麼巨大。有時候，父母們也默許了孩子的這種傲慢的言行，只把它視為孩子的無知而一笑置之，沒想到它大大助長了孩子的這種行為的蔓延。

有時，孩子感到沮喪、不高興或變得易怒，這種傲慢的態度就出現了。不管是哪種情況，父母都可以對他說：「如果你是由於心情不好而這樣說話，那麼，我很高興聽你講話，並且樂於跟你一起聊聊。但是，我不希望你一直用這種方式跟我談話。你必須學會控制自己，而我也會幫助你的。當你心情不好的時候，我會儘量去理解你，希望你能儘快好起來。」

如果這種行為不是心情不好造成的，那麼下面的方式有助於你處理這一問題。

第一式 當孩子三番五次地用一種專橫的、憤怒的腔調對你說話時，你可以用堅決而又善解人意的態度說這些話以引起他的重視：「你又用那種語氣說話了，我希望你能以另一種方式跟我說話，也包括與任何人說話。」如果孩子稍有一點點好轉，那麼就繼續對他說：「這樣說話聽起來就好多了，我很願意與你有這樣的交談。」

第二式 你不必為此而生孩子的氣，假如孩子的行為仍沒有改善。你仍然可以用教育的方式好好規勸：「我已多次重申了我的規定，我不會答應你的任何要求，除非你改變你對我的說話態度。你必須儘快決定改變談話的方式。一旦你改變語氣，我將很高興聽從你的要求，假如這要求是合理的。」這時，你的態度必須是誠懇的。

第三式 有時，孩子會在他人面前表現出一種「傲慢」的態度。遇到這種情況，父母應該說：「我不喜歡你這樣的說話方式，不僅僅是對我，你在別人面前也表現得非常粗魯。如果往後你還是這樣，我就不得不對他們說：『我的孩子有時就喜歡那樣說話，因為他還沒有學會控制自己。我還會告訴他們你的其它毛病。』這樣做的目的，是想利用他的不當行為而使他感到尷尬，給他施加適當的壓力未嘗不好。雖然這樣做的後果會引起一些麻煩，但是，當你因為孩子「傲慢」的言談和態度而陷入困惑之中時，你又必須採用這一方式。完了之後，你可以說：「我實在不願當著他人的面這樣做，但是，在你改變態度之前，我會這樣做的。我真心希望你能改變，因為你想成為一個好孩子，並且，你也有能力成為一個好孩子。」

孩子的傲慢心理，有些是自覺的，有些是不自覺的；如果是「明知故犯」，可以施予懲罰，如果是不經意的，只須要提醒一下即可。例如，他突然冒出一句髒話，你可以笑著對他對他說：「喂！你要去刷牙洗口了！」

第 50 招

自信而不自負

自信，歷來被人們視作美德，它往往是和有抱負、有主見、有韌勁、不盲從、不動搖聯繫在一起的。

古往今來的出類拔萃者，都具有一股自信的勁頭。

「天生我材必有用，千金散盡還復來」，這是古人狂放的自負之言；「自信人生二百年，會當水擊三千里」，這是今人豪邁的胸臆直抒。可以說，自信心是一個成功者最重要的心理素質，但它不是天生的，必須由父母從小加以正確引導，使孩子學會相信自己。

曾有這樣一個試驗，在美國，有個心理學家從大學一個班裡，挑了個既笨又醜的姑娘。姑娘對自己的容貌完全失去了自信，因此在生活中顯得毫無光彩。心理學家要求同學們把她當作美麗聰慧的姑娘看待。於是，大家都爭先恐後地照顧她，向她獻殷勤，陪送她回家。結果，奇蹟發生了；不到一年，這位姑娘出落得姿容動人、高貴文雅。

顯然每個人都有種內在蘊藏的美，而這種美只有在充滿自信時，才能得到充分的展現。

再如有一個父親，從兒子四歲起就教他打保齡球，這位父親一開始根本不理會什麼規則。孩子把球丟到什麼方向，他就把球柱移到什麼方向，所以不管孩子怎樣投球，他總是能打倒球柱。這孩子長大後成為一個職業的保齡球選手，而且成績十分優秀，當人們問起他成功的秘訣時，他說：「我從來不記得有擊不中球瓶的時候，因為我有一個非凡的爸爸。」

無論是年幼（三至六歲）的，還是年紀較大的（九至十八歲）孩子，培養他們自己相信自己的品質，在孩子的成長過程中將起重要作用。那麼，在培養孩子自信心時，家庭又起什麼樣的作用呢？

第一式 通過孩子的實踐活動培養自信心。你要積極支持孩子參加各種各樣的實踐活動，在實踐活動中會得到很多成功與失敗的經驗，成功的經驗累積得越多，孩子的自信心就越強。你那年幼的孩子第一次可能感到遛滑梯很害怕，當他從較矮的梯子試著往下滑，他滑下來了，感到很高興。這一成功的經驗就形成了一種自信。這種自信可以使孩子嘗試滑遛滑梯玩耍時的樂趣。孩子在遛滑梯上獲得成功後，還會嘗試著進行其他的活動。

第二式 及時地肯定和讚揚孩子的良好行為。當孩子有一個好的行為，做成了一點小事，父母都應給予及時的肯定，而不要只在孩子淘氣時才注意他，當他表現良好時卻視而不見。有適當的鼓勵，孩子的心情會變得興奮而愉悅，於是也更加容易聽從你的引導。幼小的孩子往往是通過別人的眼睛來認識自己的，你對孩子的表揚、肯定、評價，對孩子的志向、情感、行為起著極其重要的作用。

當孩子第一次繫上了鞋帶，儘管鞋帶繫得並不牢，你也應該稱讚：「你真能幹，像個大人了，鞋帶也會自己繫了。」這時孩子會從家長滿意的微笑、讚揚的話語中，得到鼓勵，看到了自己的價值，會加倍地相信自己的力量。

第三式 讓孩子參與安排家庭事務。如果你能改變一下家庭裡的主從關係，偶爾也讓孩子來安排一次星期日的遊玩計畫或節日家宴的菜譜，同時還可讓他參與討論這些問題時了解家裡的經濟情況，了解什麼樣的要求合理，什麼樣的要求不合理。這時，孩子還能抑制自己不合理的要求。這樣，孩子從參與安排家庭事務中能學到許多東西，會更懂事更有主見。自信心也會由此而更加堅定。

第四式 當孩子由於某種特殊的原因（生理或心理上的），而陷入自卑的境地，你以告訴他許多諸如前述的那個醜女變美女的故事，並相信他會重新擁有自信心。下面的話可以起到解脫自卑困境的作用：「其實，你完全沒有必要自卑。沒有比自己瞧不起自己更傷害身心的了，自卑會使你的形容憔悴，使你的人生黯淡，更有害的是它會傷害你學習的幹經以及生命的活力。」或「你也許有許多生理缺陷，但人哪有十全十美。」、「你也許有不少糟糕的弱點，但只要勇敢地糾正，美好的人格仍能雕塑成型。」還可告誡孩子：「自信者，尊重自己，相信自己，敢於積極地展現自己，痛快淋漓地表達自己，無拘無束地發現自己，這就促進了自我的發展。保持自信的人，在生活中會感到充實而富於吸引力。」

第 51 招

對付任性孩子的妙方

如何糾正孩子的任性與固執，是新手父母經常遇到的一件傷腦筋的事，任性是孩子一種不正常的心理狀態的反映，也是他們要挾父母、滿足自己某種需要的一種手段。任性的孩子，在他順心的時候，會是個「乖孩子」，但稍有不如意，則會又哭又鬧，表現失常。任性對孩子來說又是建立在父母對其行為的妥協基礎上的「報償」。

由於目前家庭形態的改變，很多人只願意養一個子女，因此獨生子女比比都是，父母對孩子的遷就，忍讓越來越無原則：過於嬌寵溺愛孩子，對孩子百依百順；與此相對的另一個極端就是，有的父母卻望子成龍、望女成鳳心切，要求孩子做他做不到的事，限制他自己想做的事。這些都可能促成孩子任性和固執的性格。

父母對任性的孩子缺乏有效的教育和引導，會使孩子的任性無所控制地發展。這對孩子的成長是十分不利的。如果你試圖限制孩子的任性與固執，那麼，下面幾個招式是你應該參考的。

第一式 斷然拒絕孩子任性的要求。當孩子胡鬧或欺侮比他小的夥伴時，不要老是笑著說：「好吧！下次不可以這樣，你是哥哥，不能欺負人家呀！」或者「再這樣，星期天就哪也別想去了。」如果你這次「投降」了，下一次他就會更加得意忘形，不久，他終於會達到目的。其實孩子的這種性格，很多時候都是由於家長的妥協和忍讓而形成的。

第二式 如果你能理解孩子，則將有助於他更好地發展，克制自己，而不是任性、固執。「你要自己把碗擺到桌上去嗎？那就擺吧！不過一次只能拿一個，這樣好拿些，也不會打破。」——母親這樣教導女兒，雖然有點擔心餐具會打碎，但這一點點代價是值得的。又如，「你要和我一道洗衣服嗎？那就把臉盆拿來。喏，這是你的背心、小手絹，洗吧！」母親這樣鼓勵兒子做一些他想做的話。孩子的任性、固執，時常也表現在行為中的他那種：「我自己來！」的要求中。遇到這種情況，你應該及時引導，並分析他這樣做是否有道理，有能力，而不要採取粗暴、無理的態度加以限制。

第三式 對付任性的孩子，得想法子讓孩子站在客觀的立場上，認清自己的任性，此即心理療法所經常使用的「實驗劇場」。如讓他去照顧年幼的孩子。在他照顧幼小孩子的當兒，發現自己再不能任性了，從而慢慢地去糾正自己任性的性格。因為照顧幼兒這件事，無論如何都得遷就對方，當他接觸到對方任性的一面，即可從年幼的孩子身上認識到任性會帶給周圍的人如何的感受。當他明瞭這件事以後，不需要大人們特別的告誡，自己就會慢慢改掉任性的行為。

第四式 要因勢利導。任性、固執的孩子往往以自我為中心、不肯吃虧。比如：孩子吃飯時非搶大的飯碗，這時，你就應耐心對孩子說：「大碗是要給爸爸用的。」做爸爸的順勢把小碗推給孩子，並鼓勵孩子：「寶寶真乖！」飯後，家長再給孩子講清道理。這樣既可避免孩子的任性，又可培養孩子謙讓的美德。

第52招

弱智不可弱志

弱智兒童，是指那些智力發展落後於同齡人的孩子，是以智力低下和社會順應能力不良為特徵的。

弱智兒童在性格、情緒和態度等方面都發生了變異。他們有的表現幼稚，笨拙可笑；有的東奔西跳，衝動異常；有的呆頭呆腦，態度冷漠；有的鬱鬱不樂，驚恐憂怕。這些孩子易被同伴欺侮和愚弄，因而不敢和小朋友一起玩耍，養成孤獨、不合群的習性，社會生活適應能力較差。

一般而言，對弱智孩子的培養教育，要抓住撫、治、教三個字。家長的耐心，學校的教育，社會的重視，是弱智兒童順利成長的關鍵。

然而，對於弱智兒童，許多家長都會認為這已無藥可救，只要能在生活上給予全面的照顧和體諒，不讓孩子挨凍受餓，就算盡到了父母的職責。事實上，這是懶惰和不負責任的表現。許多事例表明，孩子的先天不足，並不說明他這一輩子就永遠沒有發展，倘若後天的教育恰當、適時，再笨的孩子也會變得聰明起來。俗話說：「笨鳥先飛」，如果你的孩子智力不如人，就必須要先教他「學飛」，因此，這需要父母捨得花費百倍的精力！

對弱智兒童的幾種補救辦法如下——

第一式 充滿信心。遇到這樣的孩子，父母切不可對

「愚不可教」的孩子失去信心，如果常在孩子面前唉聲嘆氣，愁眉苦臉，只會使孩子心理壓力增加，思想負擔加重。重要的是必須承認現實。不能急躁，不能責罵，更不能失去信心或撒手不管。這樣的孩子需要父母的愛心和耐心，如果你能拋開所有的煩惱，樹立起堅定的信心，並採取特殊的教育方式，使孩子逐步克服心理上的壓力和智能上的障礙，學到一定的技能，至少他不會加重社會的負擔，也算是你盡到了父母應盡的職責。

第二式 教育是件長久的工作，對弱智孩子更是這樣。如果沒有長遠的計畫，持之以恆的幹勁，一口想吃出個胖子，那是不可能的。因此，父母的恆心也是很重要的。

第三式 切勿以討厭的神態對待弱智的孩子。孩子做錯了事，不要說：「真是笨到了家！」或者「看你能做出什麼事來！」有時，即使見他做對了事情，卻還用諷刺的口吻說：「你今天總算聰明了些！」之類的話，都是不對的。父母要尊重孩子，不要傷害孩子，對他點滴進步都加以讚美，使他有獲得成功的愉快的心理體驗，繼而更勤奮地學習。

第四式 不要對孩子提出過高的要求。應針對孩子現有的能力提出合理要求，因為太困難的工作會使他們遭受到失敗，以致產生了頹喪等心理，那麼，以後他就會有所恐懼，容易喪失信心。

第五式 注意方式方法。責罵和懲罰弱智兒童的發展十分不利，而且有害，對他們應該多幫助和鼓勵。教學時不厭重複，直至鞏固以後，再轉向新內容。

第六式 適當進行藝術活動。對智能不足的孩子，藝術可以成為一種教育的催化劑。在家庭裡開展一系列有趣味性的遊戲活動，能幫助弱智孩子的智能開發。繪畫、臨摹可以訓練手眼協調靈活；小手工藝可以訓練集中注意力；建築遊戲可以培養空間知覺；黏貼畫能提高顏色辨認能力；舞蹈可以加強動作的一致性：唱歌可以改變憂鬱情感等等。

第七式 重視日常生活的自理能力的訓練。對智力落後的孩子，要讓他們學會生活自理能力，並且養成習慣。比如，起床疊被、穿衣、刷牙洗臉、擺餐具、抹桌子、掃地等一些力所能及的工作。孩子有了獨立生活的能力，既可從心理上形成安全感，又可減輕父母的負擔。

通過上述一系列補救措施，相信你的孩子一定會趕上或超過正常孩子的智能水平，而你的努力卻是永遠不斷的。

第 53 招

心殘比身殘更可怕

生理有缺陷的孩子，因為生理上的缺陷，在其心理上也受到一定的影響，他們往往有著不同於常人的心理表現。有殘疾的兒童，常常羨慕別人健康的體魄，為自己缺陷而感到自卑、沮喪；當別人真心實意照顧他時，他卻覺得很沒面子，消極厭世；學習上碰到困難容易心灰意冷，認為自己反正是低人一等，學了也沒出息，缺乏進取心，他們大多數性情孤僻，性格內向，內心世界十分複雜，也十分敏感。別人的一個表情，一個動作，都有可能引起他們的疑慮。我們對這些兒童要特別細心，千萬不要傷害他們的心靈。

缺陷的種類或輕或重，做家長的應從多方面關心、了解孩子的痛楚，幫助孩子克服心理上的壓力，端正他們的人生觀，這樣，即使有缺陷，也會受到別人同等待遇，更會被人們所讚揚。據行家分析：聾啞的人由於視覺靈敏，很適合學習美術，因為美術是一門視覺藝術；盲人聽覺敏銳，善於學習音樂；瘸腿的人則可以發展手的功能，截長補短，勤能補拙，傷殘人也是可以成材的。

一個有生理缺陷的孩子，如果他能得到父母的厚愛、兄弟姊妹的關心，那麼，他就會有80%的自信心，使自己「身殘志不殘」，否則，他將失去生活的意義，變成一個行屍走肉的人。家長要做的，就是承擔起殘疾兒童心理、生理的雙重教育任務，讓孩子也像正常健康兒童一樣，享受到人生所有的幸福和快樂。

第一式 「醜八怪」般的孩子，常常被人們另眼看待。而你卻需要有一顆摯熱的愛心。俄羅斯有一句諺語：「漂亮的孩子人人喜愛，而愛醜陋的孩子才是真正的愛。」的確，那些模樣俊俏的孩子，自然很逗人喜愛，但長相難看，並非孩子的錯誤，孩子也會因自己醜而自卑，這時，你應盡力排除外界對孩子的壓力。比如：你應多從孩子的其他好的方面去讚揚孩子：「這孩子的字寫得很漂亮。」聽了這樣的話，孩子認識到自己雖然醜，但並不比別人差，只要努力取得好成績，同樣會得到別人的認可。

第二式 可用一些古今中外生理有缺陷的名人來教育孩子。鄭豐喜、海倫凱勒、羅斯福總統等人的故事，都可以啟發傷殘的孩子，使他們樹立信心和勇氣。信心、意志、毅力，對傷殘孩子十分重要。不要使孩子陷入悲觀失望的境地，你可以告訴孩子：「雖然生理的某個方面不如其他孩子，但我相信，你並不會為此而悲觀，我看你的畫就比其他人畫得好，說不定你將來也會成為一位出色的畫家呢！」

第三式 為有缺陷的孩子創造一個美好的家庭環境，這是做父母切不可忽視的一點。一般來說，這樣的孩子待在家裡的時間較長，因此，家庭環境的好壞，直接關係到他們的心情是否愉快，學習是否安靜，生活是否方便等等諸多問題。多關心孩子的學習和身體，使他們不覺得孤獨，倍感家庭的溫暖，當然也不要盲目地順從。樹立自立思想、培養自立能力，使他們感到自己也能與健康孩子一樣，自立自強。

第 54 招

當孩子步入反抗「危險期」

所謂「小大人」，就是指剛上初中的「年輕人」。這個時期的孩子具有半幼稚、半成熟的特點。他們生理和心理上都起著急遽的變化，各方面出現的矛盾比其他時期要多。這就是人們常說的「危險期」和「反抗期」。

從小學升上中學，這是一個飛躍。他們認為自己已經不是小孩子了。這時，孩子的獨立活動的願望變得越來越強烈。他們渴望了解成年人，希望像成年人那樣去生活。如果這時還把他們當小孩子看待，並且無微不至地「照料」、囉囉嗦嗦地「叮嚀」，他們就會感到厭煩，覺得傷害了自尊心，反抗的意識就會產生，對立的情緒就會萌發。

如果做父母的都能理解和做到下述的一段內容，想必你們也不必為「小大人」的孩子操那麼多的心，教育他們也許會更得心應手。

少年兒童自我意識有所發展，但是自我控制的能力還跟不上，常常無意識地違反紀律。他們喜歡與人爭論，但常常論據不足；他們喜歡懷疑，卻又缺乏科學依據；他們喜歡發表意見，但又往往判斷不準；他們喜歡批評別人，卻又容易產生偏見。他們不輕信別人，想獨立地處理一切事情。有的還要求自己有個小櫃子，裡面放些不希望別人看見的東西。他們不喜歡強制的教育手段，尤其不喜歡別人對他說：「你必須這樣做！」或「你不准那樣做！」了解少年期的這些心理表現，對待「小大人」就更應避免簡單粗暴，也不能用以往哄小孩子的那一套去對待他們。

少年熱情奔放，充滿幻想，但是，當看到一些陰暗現象時，又容易情緒波動，甚至洩氣。家長要耐心教育和引導，讓他們全面地分析整個社會，看到社會的主流，不要只看到一鱗半爪，便使自己沉淪不振，喪失進取心。

第一式 當孩子自我意識正在發展的時期，你要幫助孩子分清是非、特別是一些容易混淆的是非概念：勇敢與搗蛋、頑強與頑固、大膽與冒失、虛心與虛偽、節約與小氣、團結與勾結、能幹與逞強等等。由於他們往往做了錯事也不自知，只一味地蠻幹到底。

第二式 尊重孩子的自尊心。到了十二、三歲的時候，孩子的自尊心尤其強烈。孩子要求父母承認他們長大了，要求父母尊重他們，在人與人的交往中，希望得到完全平等的地位。不要當著外人的面責備孩子，也不要對孩子說：「我養你到這麼大，翅膀硬了，開始不聽大人的話啦？自以為了不起啦！」這種傷孩子自尊心的話。

另外，孩子的同學，朋友來訪時，你要熱心接待，這也是間接的對孩子的尊重。

第三式 會引起孩子反感的一些做法。例如：要求孩子像幼兒時期那樣百依百順：穿多少衣服，孩子自己有主張，媽媽卻干涉過多；孩子想參加家庭大事的討論，爸爸卻訓斥說：「大人講話，小孩子不許插嘴！」切莫這樣對待孩子，否則，孩子永遠都不會「長大」。

第四式 在家庭生活中，應該讓孩子發揮一定的作用，讓他們為把家庭生活安排得更加生動、活潑、美滿而出一份力量。父母應該平等地對待這些不算大又不算小的孩子，儘可能讓他們有發表意見的機會。可以適當給他們一些獨自完成的任務。當孩子意識到自己是家庭中和社會上真正的一員時，他會以極大的熱情去投入學習和工作。

請記住，只要孩子從小就在生活中被公正地對待，將來他也會公正地對待別人。

第 55 招

批評也是一種藝術

建設性的批評，實際上是教育式的。而消極的批評，實際上是審判式的，是直接對孩子加以斥責或挑毛病。建設性的批評使孩子注意的是他錯誤的方法。首先要找出孩子好的表現，然後告訴他錯在哪裡，並提出改進的建議。

許多家長在孩子做錯了事或講錯了話的時候，往往隨之而來的是對他苛刻的要求，甚至還會做出一些帶侮辱性的反應。孩子對一些事情回答錯了，父母就反駁，大聲地威脅或施以蠻橫的處罰。這樣做，並不能解決問題的實質。

你的孩子做事總出差錯時，你的批評是建設性的，還是消極的呢？例如，你對孩子說：「啊！你這個笨孩子，你又這麼幹！」最初他可能會反駁說：「不，我不笨。」但是如果經常這樣，他就會相信他的父母，開始認為自己是一個笨人。當他偶爾口吃或摔了跤時，他就會大聲地對自己說：「你真笨。」可能從此以後碰上需要機靈一點的場合，他就會躲避，因為他已經被認定了笨，他是不會成功的。

當父母重複地說他的孩子笨，於是孩子就不去動腦筋。為了避免受人嘲笑，只有逃避競爭。他的安全感依賴於不去嘗試。他人生的座右銘變成：「倘若我不嘗試，我就不會失敗。」這樣的結局，是誰造成的？可以說，百分之八十的錯誤要歸根於父母的教育方法。

第一式 聰明的父母教育孩子往往把自己的要求與孩子的意願巧妙地結合起來，這樣既解決了矛盾，又達到了目的。這也是建設性批評的一個重要表現。例如，當孩子做錯了某件事，你的反應是什麼？你的批評是建設性的，還是非建設性的？看看下面就知道你是不是位明智的家長了。

消極的批評：「哎呀！你這次才考 65 分，真差勁！」

積極的批評：「這次雖然考得不理想，那代表很大的進步空間，下次加油吧！」

消極的批評：「別說話了，快做你的功課吧！」

積極的批評：「如果你再繼續講話，那麼你的作業就會寫到天亮了。」

第二式 聰明的父母在批評孩子時，絕不會使用消極的批評方式的，然而從來未曾使用這種方式的父母，大概也不會太多。因此，在你過去的教子過程中，即使有過這樣的過失，也不是什麼大不了的事情，如果你能儘量做到不用消極的批評方式教育孩子，你的孩子也會變得更聰明，可愛了。當然，你要做的首先是從以下三個方面開始，這樣，才不會使你迷失方向。批評孩子時要——

（一）要尊重孩子的人格。

（二）你必須讓孩子了解自己為什麼會受批評，對孩子說明他的錯誤所在，才能使他充分的反省。

（三）要讓孩子明白，怎樣做才不會再犯相同的錯誤。

第三式 批評不要針對孩子本身。在一種溫和的氣氛和摻雜著欣賞的話語中，批評是最容易接受的。因此，在對孩子進行批評之前，要首先對他某些優點進行表揚，然後才能使他對感到愉快的東西比較容易聽進去。例如，你可以很幽默地說：「孩子，你把這張桌子擦乾淨了，不過，左上角還有一個漂亮的小污點啊！再擦一下吧！」或者「你需要幫助的只是把除法那一題算出來，其他的答案都對了！」如果你的批評是針對個人而不是針對事情本身，例如，「你沒有朋友，大概是由於你的脾氣不好太喜歡戲弄人了。」這樣的批評，孩子就可能推論出他們存在著反面的個性特徵，同時孩子也會不喜歡採取這種方式的人，甚至還會故意跟你作對著幹。

第四式 表揚和批評要適中。有的父母過多的表揚孩子，使得他們接受不了了。孩子想〈假使他們真正了解我，就不會那樣說了〉有的父母則批評孩子過多。例如，當你和孩子準備度過一個美好的星期天時，你發覺孩子並不像你想像中那麼愉快時，因為你說一大堆這樣的話：「你打算睡一整天嗎？……誰讓你穿這件裙子了？……你怎麼不換昨天那件？……把床收拾好……看你梳的辮子……別沒精打采的……」如果你是孩子，聽了母親的這些批評，你會作何感想？

解決問題的實質，是要讓孩子能在你批評、教導的過程中，有所改變。如果你試一試以上那些方式，相信孩子是會聽話的。

第 56 招

鼓勵是最大的力量

「要好好努力！」在日常生活中，父母常常用這類的話來勉勵孩子。這樣抽象的語言，到底能傳達多少父母的心意，頗值得懷疑。然而當孩子上小一時，仍會不知不覺地說：「你已經進入小學了，不可以再調皮，要好好地用功喲！」

說這樣的話，孩子雖知有勉勵的意味，不過，到底如何好好地做，孩子仍是一知半解。

雖然，父母的著急、生氣和不明確的期望，仍然會傳達到孩子的心裡，但是，對於未來並無任何的具體指示，如果孩子性情懦弱或個性內向，就會覺得精神上受到壓力，而愈做愈差，終致收到相反的效果。

所以，為了使孩子們能儘量把事情做好，父母的鼓勵應該更具體些，可以這樣說：「希望你今年能做到什麼。」或者「你某件事做得不好！」如此明確地指出問題重點，孩子有了改善的依據，才會努力去做。

值得注意的一個問題，就是父母的鼓勵在家庭教育中所起的推動作用又如何呢？為了孩子的成長與進步，特別是對那些由於屢次失敗而變得失去了信心，或天生比較羞怯的孩子，更需要這種幫助。鼓勵意味著給孩子以勇氣、希望和信心，使他能正視和應付生活中的一切事情——特別是在危險、困難，或痛苦的時候。當孩子面對著困難的任務或遇到緊迫的事情時，父母的鼓勵就是一種支援。它能幫助孩子增強自信心，主動性和堅持性。在鼓勵孩子時，你應表示的態度和採取的措施是什麼呢？

第一式 你應具備充分的信心，要確信你的孩子有能力積極地塑造自己的生活，而不會在原地踏步，毫無進展。如果我們對孩子失去信心，認為他們會輕易退卻，或者他們在巨大的壓力和災難之前將徹底失敗，那將使他們非常失望。因此，你對孩子的態度應該是堅定而百折不撓的，你可以這樣對孩子說：「我想你是屬於不認輸類型的孩子。」或者「你已經長大了，應該可以更好的處理你今後的生活。」

第二式 即使你的孩子開始可能會遇到失敗，灰心的情形，而你也絕不能喪失信心。確切地說，你應該以你的信心去影響孩子，使他有一天能學會克服困難。雖然，光是言語不能給孩子以充足的信心，但是不管怎樣，如果你自己有信心，孩子是會理解的。這些話是孩子容易接受的鼓勵：「我相信你能承受住創傷和挫折，並能吸取教訓，最後戰勝它們。」或者「這個你能做到，我知道你沒有問題。」

第三式 使用委婉的話語和幽默的、令人愉快的態度去說服孩子，比如：「一旦你習慣了，你會感到這很容易。」「就像學會了騎腳踏車，還可以放開手呢！」

第四式 讚揚孩子過去的成績和過去他是如何的堅強、勇敢，評論孩子已經做對了的部分，少講他的錯誤，指出他應該怎樣繼續獲得成功。當孩子幾次努力而沒有成功時，要鼓勵。你可以對孩子說：「一個人的一生中，有時會獲得成功，有時則不然。最重要的是盡力把事情做好。我今天很為你感到自豪，因為即使你沒有贏，但還是盡力做好了你的工作。」當孩子失敗時，你也可以描述一下，你曾經在某件事情上像孩子一樣失敗的情況。這樣，孩子就不會產生挫折感。

第五式　鼓勵孩子，還應在力所能及的範圍內，高不可攀的事情是絕對要避免的。因孩子面對他自己認為很困難的工作時，你應對孩子這樣說：「我不會要求你做任何超過你能力的事情。」如果孩子工作後的確並不那麼困難時，你還必須繼續給予孩子鼓勵：「你若在這一方面有相當的能力，將使我感到很高興。」於是，孩子聽了更會覺得自己不能辜負父母的一片苦心，要好好地幹。

第 57 招

越權，教子中的大忌

在教育、幫助孩子成長的過程中，許多父母都很自然地忽略了孩子的權利與職責。所有的父母都應該認真考查和討論孩子們在生活中應有的權利和職責，以及你所扮演的角色將起到一個什麼樣的作用。

先談談許多父母愛犯的一種錯誤：越權，即行為超出自己的權限。這些父母往往不承認這一點，還經常抱怨孩子們未經允許而隨意行事，也常常發牢騷，說現在的孩子只會要這個要那個，一點也不知道賺錢不容易。

父母通常的表現是，利用權威，不知分寸地對孩子橫加干擾：當著外人面前斥責他們或者辱罵他們的朋友，主觀上往往還隨意控制孩子們的感情和興趣；忽視孩子們學習、玩耍和休息的必需的條件。比如，一位母親看到自己的孩子正興致勃勃地在沙堆裡打鬧，在草地上翻滾，在水窪處踩踏，他迎面而來的就是一頓劈頭蓋腦地訓斥：「衣服弄髒了，回去你自己洗！」或者「你就老是會無理取鬧，弄得一團糟！」你不理解，可你是大人，你是用成人的思維去衡量孩子們的行為。這些父母忘記了自己的童年。這樣的父母未必能想到，那些過於愛乾淨的男孩和整天注意髮式、聽話順從的女孩，也許將來會變得唯唯諾諾，毫無主見，缺乏創造精神的人。相信明智的家長是不希望自己的孩子將來無所作為的。

第一式 為了達到教育、幫助孩子的真正目的，做父母的可以坐下來，把你們認為應有的權利和職責列出來，以此來作為檢查自己工作的一個依據。

孩子的權利	孩子的職責
自由發表意見	幫助家裡做力所能及的事
得到愛和所需要的	服從和尊重父母或長輩
追求自己的興趣	體貼別人
發揮自已的價值	發揮自己才能
受教育的權利	在功課上儘可能取得好成績
不同意父母意見的權利	

在長遠的目標中，你所撫養的孩子，還應該是在民主社會中能夠起很好的作用的人。他們應該和善、講道理、利他、體諒別人，能有效地解決問題，獨立，自給自足，善於與人合作，與人交往。

第二式 明確了要求與目的，這就要看你是否能夠堅持、始終不變地執行它。對於孩子，你應該清楚地了解他的能力與習慣。如果你對他說：「我們再也不必為以前的行為而爭論了，我與你爸爸（或媽媽）已討論過了，給你制訂了幾條你必須做到的職責。」孩子會說：「我知道了，我會做做看。」事實上，他心裡很不服氣，他是懾於你的權威而不得不這樣說。但有的孩子卻會說：「這些我做不到，你自己去做吧！」聽了這些，你一定會認為孩子狂妄自大，不尊重你，你會氣得要發瘋。其實，任何事物的變化都會有一個過程的，你不必給孩子下結論，也不要強迫他照你的一字一句去做，當他意識到你的確是在認真地執行自己的規則時，他會自覺的，而不是被迫的接受你的要求。

第三式 一定要及早地、反覆地和孩子交談你制訂的規則，以及給孩子的權利。你的期望越清楚，孩子們對他們的職責也越清楚。如果孩子們覺察到父母希望他們在學校成為好學生，並有發展前途，那他們對上學很可能抱積極的態度。你們交談可以有許多種形式，無論怎樣的形式，你的目的就是要讓孩子充分自由地享受和行使自己的權利。

第四式 當你把期望告訴孩子時，最好不要提高籌碼，使孩子面臨著一個你提高了的標準，因為過高的期望和要求，可能會使孩子感到洩氣和不安。例如，有的父母拿著孩子的成績單，往往把所有的「優」忽略了，而對唯一的一個「乙」耿耿於懷，並對孩子嚴肅地進行批評。

要求盡善盡美的父母，通常是期望太多，批評太多，總是挑毛病。他們往往忽略了孩子較小的、積極的行為，而集中於他們的不足之處的。這就很容易犯苛求和越權的錯誤。

第 58 招

憤怒不能制止尿床

孩子尿床，這恐怕是誰都會經歷過的事，不過，如果你的孩子到了兩歲半以後，還經常性地、不分季節地尿床，那你可得小心，有必要去醫院檢查檢查。但如果不是生理上的問題，那麼就是你對這個問題的重視是不是太遲鈍了？。

通常，你會為孩子在深更半夜起來換床單感到心煩意亂，你會大聲警告孩子：「再尿濕了床單，我可不饒你。」或者「我真不知該怎樣告訴你，你這樣會把我給折磨死！」

不同的孩子，對晚上尿床的反應可能差異很大。一些孩子實際上不會因此而深感不安，這點常讓做父母的氣得半死；另一些孩子則對此很敏感，他會起床讓你知道他尿濕了床；他需要幫助，還有一些孩子，即使尿床了，也依然酣睡整夜，似乎並沒有發覺自己尿床了。

其實，弄清楚這些情況並不困難，重要的是你如何去對待這些問題。首先，我們必須認識到，從正常發育的角度來講，孩子缺乏自控可能有許多原因。除上面所說的生理因素外，有時尿床還可能是焦慮心情的反應，引起孩子焦慮心情的主因，也可能是你自身的根源。有些父母對孩子的自控能力不好而用一種氣憤、打罵的態度來對待孩子，孩子會因此而心虛、緊張，他會感到自己無法改變這一狀況，哪怕是你小聲的咒罵，也會加重他的焦慮心理。

你也許希望能找到一種立竿見影的良策，讓孩子更快地學會控自己。這也許很難，這裡，只能向你提供一些有時候對你有所幫助的基本方式。

第一式 如果是三歲以下的孩子，最簡單的辦法就是：在晚飯後儘量少給他飲水，睡前上一趟廁所。當然，這是一種原始的做法，少量的飲水還是應該的，只不過你得讓他明白，控制他的飲水量，是因為他還沒有學會控制自己的尿床問題，他需要從這方面來補償。

第二式 告訴孩子，以後你不會再因為他晚上尿床而發火了。如果這是在他取得一點進步後才說的，也算是給他的一點獎勵吧！可以對他說：「我知道你自己也不想尿床，我要找到一個更好的辦法來幫助你。我準備訂一些新規則來幫助你學會如何控制自己。從今晚起，當尿濕後醒來時，我會幫助你的，但你也得幫些忙，因為這是你的事。你也不小了，可以學會慢慢自己處理這些事情了。」如果當夜他真的又尿濕了，你一定得按你所說的去做，千萬別發火，你還可以說：「別擔心，慢慢來，以後你不會再被懲罰的，我知道你並不是故意這麼做的。」這麼一說，孩子便知道你為他尿床的事並不感到煩心，你是真正想幫助他的。

第三式 不要為孩子尿床事情包攬一切，不要過分縱容孩子，否則他會覺這是你該做的，是你的責任，就是到十來歲他也不會感到不好意思。

實事求是地對待孩子，讓他參與換洗工作，他便會明白自己犯了錯誤，還有助於培養他的責任心。這個錯誤雖然不算大，不過，他必須承擔此責任。如果他不會因為尿濕床單的影響而仍然酣睡到清晨，那麼，起床以後他仍需要自理，去做好這些換洗工作。

第四式 幫助孩子學會控制自己，也和其他許多問題一樣，孩子需要你督促和鼓勵。如果你表現出信心十足，那麼他也會順利地度過這一難關。

所有的困難都必須在雙方的共同努力下去克服。如果你只是一味地發火，這只會增加孩子的焦慮，並且可能使他更加難以控制晚上不尿床。記住，理解和鼓勵才是真正的幫助。

第 59 招

不要羞辱尿褲子的孩子

當孩子正處在學齡前，這一年齡段時，常尿濕褲子或把大便拉在身上，這並不怎麼奇怪。你看到這一情景時，你就會明白是怎麼回事了。孩子在屋外玩耍時，你也許正在欣賞他們的節目呢，突然，你看到你的孩子跳起又蹲下，前後交叉地移動著雙腿，此時，他正猶豫不決，是該停止眼前的遊戲去上廁所，還是繼續玩呢？他希望自己跳一跳或蹲一下就能夠憋住尿，然而，正如你所知道的，這絲毫不起作用。

有時候，你會看見他那副十足的狼狽相而怒氣沖天，或者你看到他那副滑稽相而忍不住笑出聲來。有時你會指著他的鼻子責問他：「明明知道要上廁所了，你卻懶得去，真叫人心煩！」或者剝下他的褲子，對著孩子的屁股就是兩巴掌。於是，你便對他吼出了那句誰都知道的話：「我警告過你！」其實，這一切打罵、警告對孩子真可謂是無濟於事，下次他還是會照樣拉在褲子裡。

當然，所有的父母都是不願意看到上述的情景的，尤其是在公共場所。但是，你是否了解孩子在白天尿褲子，其原因是什麼呢？孩子們玩得非常起勁，全身心都投入到遊戲中去了，他們不會因為某種原因而停下自己幹的正起勁的事情。孩子們被遊戲迷住了，以致在尿褲子與停止遊戲之間的力量對比懸殊，結果十之八、九是尿在褲子上。

所以，當你看到他一個勁地跳起又蹲下想憋住尿時，你恨不得當著那麼多人的面罵道：「你這小懶蟲，上個廁所要費多大勁呀？」他卻只會把你的話當成耳邊風，他討厭有人打擾他的玩興，甚至還會反過來問你：「不可以等一下嗎？」

面對著這一切，你該怎樣做才不致引起雙方的衝突呢？

第一式 一般來說，孩子到了三歲，基本上就會控制自己的大小便了。然而，他為何又時常為尿褲子的問題而感到不安呢？通常在白天，這一時刻是在孩子玩得最開心的時候。這個時候的孩子忘記了一切，即使他感覺到了，他也會以為跳一跳或蹲一蹲慾過去就行了。因此，你要做的就是讓孩子知道，你想幫助他記住什麼時候該上廁所：每隔半個小時，他必須停下來去廁所一趟，直到他學會能更好地注意自己什麼時候想撒尿為止。

只要你好好觀察一下孩子的行為，如果他是從幼兒園或學校回來之後，出去和小朋友玩時尿褲子了，那麼，你就得讓他明白，回家之後就必須去一趟廁所，否則，他就不能出去和小朋友玩了。

第二式 如果孩子並不樂於按照你的程序去做，仍然我行我素，照樣在大白天尿褲子，那麼，你的規定就必須更強硬一些。比如：停止他三天的娛樂活動（指回家後），或每尿一次褲子，就不讓他看電視或者少喝一瓶飲料，除非他能按時去上廁所。記住，你必須始終如一地執行自己的規定，不要因家務多、工作忙的藉口，而忽視了你對孩子的管教。

第三式 孩子尿濕褲子後，他應負起全部責任。告訴他，他必須把換下來的衣服放進洗衣機或待洗衣物的籃子，然後洗淨擦乾自己的身子，處理完他所該做的事後，他才能出去玩。如果孩子還小，這方面你還得幫他一把。

一旦立下了這一規矩，你就不必再問他是否要上廁所。只需提醒他必須上廁所，不要尿在身上，使他能夠增強自制力。如果孩子在一星期內只尿濕一次褲子（一般是一星期兩、三次）的話，給予適當的獎勵是很有必要的。獎品可以是實物，也可以是增加娛樂時間等。

第四式 給孩子製作一個大小便時間表。所有做過父母的人都知道，兒童尤其是幼兒，他們往往是什麼時候想上廁所，就去了，從來是沒什麼規律的。因此，有必要制定一個有規律的大小便時間，一般說來，成人每天六次小便，一次大便是正常且符合生理衛生標準的，而孩子的小便次數要比成人多，大便一般也是一天一次（最好選擇在早晨起床之後，或是每天的某一個固定時間都 OK）。如果他第一天做不到，那麼第二天再叫他去做，每天如此，慢慢做下去，一定能夠做得到的。要注意，這樣的訓練需要你具備一定的耐心，而且，還應為孩子取得的一點點的進步獎賞他。

第 60 招

如果孩子在客人面前淘氣

許多孩子總喜歡家裡有客人來。你看，一見客人來了，他們便手舞足蹈，跑來跑去，當父母拿出招待客人的瓜果點心時，他們更是又吵又鬧又搶天呼地不知節制的「人來瘋」，孩子們是歡天喜地，而做家長的卻常常為孩子的這些舉動感到難堪。但對有的孩子來說卻不然，他們也許還記得上次家裡來客時，媽媽的忙碌和焦慮，一整天顧不上和他說上一句話，還有在客人面前的那一巴掌，仍牢牢地記在心裡，他也開始為家裡來客而發起愁來。

父母和孩子，各有各人的想法和打算。父母想的是在家裡度這一個舒適、優雅的晚上，並讓自己的孩子看起來可愛些，整個家庭都能表現得非常出色，所有的準備和焦慮都是為了給客人留下好印象，當他們離開時就會覺得：瞧！這一家子多和善、友好，他們的孩子多有教養！

不管孩子們是聽話還是不聽話的，通常，你都會在客人來之前警告孩子該怎樣行事，這就等於告訴他，他應該像個大人似的，同時還表現出，你更關心的是客人們對你家庭的看法，而不管這種作法對孩子意味著什麼。我們並不是支持孩子瘋子般地亂跑一通，也不是提倡孩子做想做的任何事。但讓孩子知道他的行為基本上可以被接受，卻是很重要的。

你的警告表明你很緊張，你希望這個晚上（客人來時）平安無事。如果你把這些感受如實地告訴孩子，也就等於告訴他並沒什麼錯，他便不會淘氣，你甚至會發現你的行為有所改進，因為他想支持你，是覺得你相信他。

你一定要理解孩子對客人的心態，如果他喜歡他們，或者他們能與孩子們相處得很好，你的孩子便希望能得到客人更多的注意。如果他有一段時間沒有看到客人，他就想更多的引起客人的關注，一如你自己會與孩子爭奪客人的興致一樣。

如果孩子與客人關係不融洽，當他們對他酸溜溜地皮笑肉不笑，以及虛情假意地與孩子問好時，你卻要求孩子表現出愉快、溫柔、開朗，那你的要求也太高了。你不可能從四歲的孩子那兒看到比成人還「成熟」的表現。如果孩子喜歡擺弄客人的提包等別的東西時，你不要感到驚訝，只要你能忍著性子好好地對他說「客人的提包和媽媽的一樣」就行了。如果他垂著頭跑出屋子，然後，又不時出現，偷看屋子的每一個角落，並狠狠盯著討厭的客人，你也不應該感到驚奇。當孩子的一切令你感到難堪的行為，出現在客人面前時——不論你是否已事先預料到它們的發生——你該怎樣去控制這一局面呢？

第一式 家中要來客時，先把孩子安排好——不是像通常那樣警告他，說些叫他不安的話。你應要求他：客人來了，以前的規則並不會改變，他所做的事也不會因為有客人在就可以放棄。如果客人來時，你沒按規定做，或者，未跟孩子講清楚你的要求，那麼現在該輪到你檢查自己的行為了。

第二式 客人進門後，要求孩子很禮貌地向客人問好，並作自我介紹，告訴他，這也是你計畫中的一項規定。然後讓孩子去玩他最喜歡的玩具或看些最喜歡的畫冊，讓孩子明白客人來訪，大人要陪客人談話，孩子沒有必要過多的參與。

第三式 儘管你已跟孩子說過有關對待客人的規定，但如果他還繼續打擾客人的話，你就要採取這一步驟了。即使這樣做只能留下夫妻中的一人陪客人，你也必須得花點時間先解決這個問題。比如孩子想故意搗蛋，對著客人大聲叫嚷：「爸爸，你不是說等一下要帶我去公園嗎？」或「媽媽，有個問題想問妳。」無論孩子以怎樣的藉口來打斷你與客人間的談話，你都得堅定地按照你的規定行事，即使給孩子難堪，也在所不惜，這樣，孩子便會明白，即使家裡有客人，你也不會改變對他的要求。

第四式 這一式是為那些倔強的，不聽前面諸多警告，繼續搗亂的孩子們準備的。找個藉口把孩子帶到客人注意不到的地方，以一種堅決，而且孩子也能接受的方式，強化客人來之前你所定下的規則。你可以先要求孩子自己想一想，如果他仍然不能接受，那麼，你再決定是不是該懲罰他。

第五式 這是孩子必須接受諸如關回房間等的懲罰階段了。如果你決定先教訓孩子，即你可以非常抱歉地對客人說：「對不起，我得讓孩子知道即使客人來了也要懂規矩，這是很重要的，我現在必須先去處理這件事。」讓孩子明白，就是在特殊的情況下，你也不會向他妥協。

假如以上這些方式你都做得很巧妙，就一定會處理好客人與孩子間的友好相處時間，無論多麼不聽話的孩子，只要他經歷了兩次這一系列的處理方式，相信都會變得乖起來的。

第61招

如果孩子患有「過動症」

有些新手父母會神經兮兮地認為孩子好動，喜歡蹦蹦跳跳，一定患有「過動症」。其實不然，家長們在沒有弄清楚喜歡活動與「過動症」的區別之前，切不可輕易給孩子下這樣的結論。我們要堅持科學的態度，不要亂加揣測而憂心忡忡，也不要捕風捉影，疑神疑鬼，更不要把頑皮、好動的孩子一律看作是「過動症」的兒童。

一般來說，兒童喜愛活動是生理上的特點，他們進行或參與的活動，總是有動機、有目的的，因而是可以自我克制的。「過動症」患者不但多動，而且他們的「動」往往是在注意力分散的情況下出現的，很難自我克制。這就超出了正常的生理範圍，成為一種病態了。

「過動症」一般發生在六至十二歲的兒童中，以男孩居多。他們多表現為無抑制的興奮，吵鬧不安，甚至不能正常睡眠。「過動症」患者在課堂上的小動作很多，有時無目的地發出怪聲，喜歡吵架，容易發脾氣。他們的性情也有點特別；倔強而又膽怯，想學點禮貌而又非常冒失，愛惹事又怕懲罰，喜歡大聲說笑而又常常鬱鬱不樂……他們的智力一般是正常的，但學習成績卻趕不上普通兒童。這主要是因精神不夠集中，思維不夠靈敏，語言表達能力較差。

那麼，如何正確地把正常的頑皮兒童與多動症患兒區別開來？又如何幫助患有「過動症」的兒童呢？

第一式 仔細觀察你孩子的日常生活。下面一個簡單的機械測驗，可以進一步確定正常好動與「過動症」孩子的區別；讓孩子伸出雙手，平放在桌面上，五指併攏，在原位置上使手掌和手背交替快速反覆翻轉，如果他的動作很笨拙，顯得很不協調，那麼，他就患有「過動症」，因為正常好動的孩子是沒有這種表現的。

第二式 發現孩子患有「過動症」時交母首先要檢討平時對孩子的管教態度是否過於粗暴？或者父母對孩子是否過於遷就、溺愛？因為孩子的「過動症」並不是天生的，而是由後天的家庭教育和生活環境影響造成的。同時，你還應該及早請醫生檢查診斷，但不必為此提心吊膽，自尋煩惱，因為這種病通過藥物與心理治療，是可以治好的。

第三式 對罹患「過動症」的孩子，你要以父母之愛去關心、溫暖他。對他們的學習，不能像正常孩子那樣要求，要多做具體輔導、多表揚，多鼓勵，培養他們的學習興趣。針對多動的特性，既要鼓勵他們逐步克服多動的毛病，又要幫助他們進行新行為的訓練。這樣，隨著他們的年齡的增長，他們就能逐漸學會控制自己的行為了。

第四式 如果孩子並不屬於「過動症」患者，又十分好動、調皮，你該怎麼辦呢？你也不必為此煩惱，正確分析他好動的原因，然後對症下藥，才是你教育他的最好方法。同時，你還要反省自己。例如：你平時在對孩子講話時，是專心致志，還是顯得心不在焉？批評或告誡孩子幹某件事時，你是聚精會神，還是一邊說一邊往鍋裡倒醬油？如果你在孩子的心目中是一個注意力不集中的形象，那麼，孩子「過動」的可能性便大得多。

無論是「過動症」的小朋友，還是好動調皮的正常兒童，我們都應該對他們抱有充分的理解和希望，既要相信自己的教子能力，又要確信孩子們通過一系列的治療和教育，是能夠完全改變自己過去的行為的。

第 62 招

如果孩子有「偷竊」行為

如果你發現孩子偶爾有「偷竊」的行為，你不必為此傷心，不必罵孩子是「賊」、「小偷」，也不必審問孩子「你為什麼這麼做」，因為他自己並不一定明確他的動機，逼著他告訴你「為什麼」，結果只會促使他再度撒謊。

當孩子從父母那裡，從同學、商店、親友那裡拿東西的時候，父母們常常感到很震驚。其實，孩子把不屬於自己的東西拿回家的情況是比較普遍的，家長們不必為此傷心或煩惱，弄清孩子動機的真相，才是幫助孩子的重要途徑。

做父母的可能都有這樣的記憶：孩子從很小的時候起，就會很開心地把這些東西悄悄地塞進自己的衣袋裡，然後再把它們藏好。要知道，每一個孩子並不是從娘胎裡一出來，就懂得不經允許拿別人的東西（無論是家裡或外人）就是偷竊。

孩子之所以拿這些東西，是由於他們僅僅是想要這些東西，覺得沒理由不要它。大一點的孩子看到其他孩子有而自己沒有的東西，就非常嫉妒，他想得到這個東西，因為他有一種攀比意識，或者他把拿走別人重視的東西，作為對人家進行報復或泄怒的極好方法等等。這一切，並不能證明這就是偷竊。孩子們會去拿東西、藏東西、偷東西……但是，我們不認為這是偷竊，除非這種行為一直持續到青春期。

為了處理好「偷竊」問題，你必須理解孩子是怎麼想的，你必須尋求孩子這這麼做的動機，而不是表面現象。當你發現這種行為才剛剛開始時，最重要的是避免喋喋不休的訓斥和恐嚇性的談話，你應該用嚴肅的態度把孩子引入正軌的。

第一式 「這次算了，下不為例」的教育方式應該堅決杜絕。而且，這也是許多家長常犯的錯誤之一。如果孩子從小不能控制住自己隨便拿別人東西的壞習慣，成人後將會不可收拾。古語說：「千里之堤，潰於蟻穴。」做家長的應該懂得這個簡單而又重要的含義所在，絕不可因為小事一樁而誤了孩子的前途。

第二式 如果看到孩子拿東西，不要質問他，應該告訴他：你看到他拿了東西，無論是從商店、學校還是其他任何地方拿來的，既然這東西不屬於他，那就應該把東西歸還回去。你的態度應該是誠懇的、堅決的，要以一種冷靜的方式對他說，並且從孩子還很小的時候起就應如此，才不會使孩子有一種負疚感，也不會由於被迫歸還不屬於自己的東西而感到害怕。你要對他說：「任何的時候，只要你拿了不屬於自己的東西，就要立即歸還，我們希望你能控制自己，不去拿不屬於你自己的東西。」

第三式 當你肯定孩子從你的錢包裡偷了錢時，最好不要問他，而是告訴他：「我知道你從我錢包裡拿了一百塊，放回去。」當錢送回去以後，要嚴肅地告訴他：「當你需要用錢時，來問我，我們可以商量。」假若孩子否認拿了錢，你不要和他爭論，或者擺脫他承認，只要告訴他：「你拿了我的錢，就必須放回去。」如果他說已經把錢花了，討論的焦點就要放在補償的方式上，做家務活，或者減少他的零用錢以及外出玩耍的時間。

避免罵孩子「賊」「小偷」「撒謊的人」「會被閻羅王割舌頭」。審問孩子「你為什麼這麼做？」是沒有什麼用的。他自己並不一定明確他的動機，若一味地逼著他告訴你：「為什麼？」結果只會促使他又再度撒謊。

比較有效的教育辦法是向他指出，你希望他和你商量他哪些方面需要用錢，可以這樣問他：「我感到失望，你沒有告訴我你需要一百塊。」以及「不經過別人同意，拿別人的東西是最不好的行為。」

第四式　如果孩子從朋友、鄰居或商店裡拿了東西，你不必強迫他自己去道歉。你應該幫助他，要對他說：「既然你承認拿了東西，那你想讓我替你把東西歸還給人家嗎？這次我可以幫你，因為我知道讓你送回去會有困難。要麼你和我一起去，我幫你同他們講清楚並替你道歉，好嗎？不過，下次，如果你再拿別人的東西，你就必須自己去還，不論你是否願意。否則，你就不要拿了。」最後的一句話就會使孩子受到了足夠的提醒，它使孩子感到不安，覺得自己對不規矩的行為是負有責任的。

有關這一問題，最重要的一點，就是如果你以一種冷靜的方式來處理，表現出這個問題不比其他問題更為嚴重的話，那麼，你就會發現，孩子的這些「偷竊」行為，只是他們成長過程中所經歷的一個階段，只要教導得宜，他們必定會渡過這個階段的。

第 63 招

如果老人家溺愛孩子

許多年輕的父母，對自己的長輩對待孫子、孫女要比當初對自己寬厚得多感到迷惑不解。同時對於老人家過度溺愛孩子也感到相當傷腦筋。上了年紀的人，他們的思想和觀點往往與年輕人不一樣，他們覺得自己已經老了，沒有必要為這些事跟年輕人爭執。在內心，他們也很不服氣，不相信自己不能教育好下一代，於是，他們也像孩子似的在孫輩面前爭寵。實際上，他們的做法根本沒有任何教育孫輩的作用，在很大程度上，他們只想藉此機會，從孩子那裡得到樂趣，得到滿足。

如果小孩是由祖父母照顧，那麼祖父母更是溺愛孩子的「元凶」了。許多祖父母都會公然反抗你的規定，偏向孩子：「不要告訴你媽媽，我讓你很晚才睡覺。」第二天，你會從孩子那裡得知他直到半夜才去睡覺。

有些祖父母樂於從孩子那裡得到樂趣，但對孩子的發展不負任何責任，而且還希望被看成是世界上最慈祥的祖父母。如果你是位開明、正直的父母，面對長輩對孩子的溺愛這一棘手的問題，你應該怎麼辦呢？

第一式 以一種合情合理的方式，問你的父母是否樂於遵守你的規定，當孩子沒有遵守規則時，他們是否同意你為孩子所定的懲罰措施。如果祖父母忍受不了這種約束，就只好作些暫時的妥協，但不能過分，要和他們講清楚：「我們希望爸媽別太寵孩子。因為這樣對孩子反而沒好處，如果能及時糾正孩子的不好習慣，孩子長大以後，也一定會認為阿公（阿嬤）在他小的時候，把他教得很好，因此而心存感謝。」這樣既尊重你們的意願也尊重了你們父母的感情，還使你的孩子無法利用你們的分歧而有機可乘。當然，如果祖父母長期照料孩子或定時照顧他，這樣的措施可能是行不通的。

第二式 提前讓孩子知道，當爺爺、奶奶或者年老的親戚來家裡的時候，作為特殊時刻他可以破例不按規定去做。但這最多只能容忍他在可能的範圍內，如果太過分了，你有權停止他所享受的特權。

第三式 告訴你的父母，（當然是要用溫和、商量的口吻），希望他們在教育孫子們的問題上能有一些好的推動作用，而不是扯後腿。如果他們能接受你的建議，你不妨這樣說：「如果孩子將來有出息，也是您的功勞。」父母方面的構通工作做好了，就能徹底斷絕了孩子的依賴心理，使他失去了一個「堅強的後盾」。

第四式 如果祖父母不肯聽從你的勸告，仍然繼續干擾的話，你就必須採取果斷的、強有力的措施。必須非常堅定地告訴你父母親：「我認為對這件事的處理，不能太放縱，」或者「我想孩子的問題這樣處理更合適。」然後同樣堅定地對孩子說：「我和奶奶（或爺爺）雖然在這問題上看法不一致，但我們已有了規定，無論怎樣你都得遵守。」

很明顯，在教育孩子的問題上，每個人都有每個人的想法和觀點，如果你的家庭關係（也包括親戚關係）很和諧的話，這些問題相信是很容易解決的。

第64招

如果孩子逃避責任

父母們在到處尋找教導孩子具有責任心的方法，很多家長希望孩子做些家務來解決這個問題，如掃地、倒垃圾、洗盤子、擦桌椅等。這樣的家務活對理家來說是很重要的，但對培養孩子的責任感，可能並沒有什麼明顯的效果。相反，在一些家庭裡，為日常的家務事，每天推來推去，使全家人都感到煩惱和苦悶。

很清楚，責任心不能強加給孩子。它只能通過在家庭和社交活動中形成的社會準則來培養。

責任心的源泉主要來自社會準則，也就是尊重生活和關心人類幸福，用更熟悉的話說，責任心必須以對生活的尊重，和對幸福的追求為基礎。缺乏責任心的表現是：孩子的房間弄得亂七八糟、上學遲到、家庭作業不交、精神散漫等等。

很顯然，兒童獨自解決問題的能力相對較差，儘管有的孩子看上去很老練，但在固執任性的外表下，也許掩蓋著意志薄弱和渴望自我肯定的內心。隨著孩子年齡的增長，應該讓他們儘可能多地去獨自解決問題和承擔更大的責任。這就要求我們對自己的孩子以及他們的愛好要有深刻的了解和認識心問題是是否有明確的態度和方法激發孩子的責任心。下面從幾個具體的事例來談談關於如何培養孩子責任心的問題。

第一式 防止孩子逃避、推卸責任。欠缺社會觀念的孩子，凡事均以自我為中心，而不能以審察的態度對待自己。當他惹出麻煩受到父母訓斥時，總會以「都是他」的這種論調來逃避責任。

對於時常把發生麻煩的責任完全推諉掉的孩子，最重要的是讓他明白自己負有多少責任，讓他從客觀的立場去了解事情。必須讓他認識，自己與別人各有不同的立場和觀點。

例如，孩子被老師處罰了，而他回家卻胡扯一番。最有效的方法是當孩子說：「都是我們班上的張明帶頭的的，和我沒關係。」時，你就以：「你總是這樣說，那明天我們到學校去問張明，看他怎麼說？」來反問他。當他能考慮到相對的立場時，就會開始發覺自己應負多少責任，並反省剛才自己為何把責任全推給別人。

第二式 注意批評的藝術。孩子因不小心犯錯時，若遭受父母的責罵，這對他實在是件痛苦的事，往往會引起他的反感。如果你心平氣和地教他重做，那麼孩子必然會仔細檢討過錯的原因，努力改正過來。責罵或嘮叨都不是解決問題的辦法，只有讓孩子再來一遍，才能給孩子檢討的機會，這樣對培養孩子的責任感有很大的作用。

第三式 讓孩子學會看家和照顧人。脖子上掛著鑰匙的孩子，放學後自然負有看家，或做家務的任務，有的孩子還要負起照看弟妹的責任來。告訴孩子，這也是他應該負起的責任。如果家中有病人或老人，可讓孩子幫忙做些伺候老人的事，盡點義務，使他明白這是晚輩義不容辭的責任。

第四式 讓孩子當一部分家。父母要鼓勵孩子對家庭的重大事情發表意見，並應儘量採納其中合理的部分。還可以讓孩子掌握家庭的局部規劃，例如他必須為室內的植物澆水與整理枝葉等等，以此來培養孩子的責任感。

責任感是每個孩子通過自己的努力和體驗獲得的，而父母的榜樣是使孩子有學習的良好態度和氣氛的先決條件。因此，根據孩子成熟的水平，決定給予他們不同的規定與責任是很重要的。

第 65 招

如果孩子離家出走

不該對孩子說的話：「好，你想走，我還可以幫你打包行李。」或者「走呀，如果你想離家出走，只要一踏出這個門，就不要再回來了！」

現代社會所面臨的另一個子女教育的問題——青少年的離家出走。簡單說來，離家出走是指在沒有得到父母的許可下，離開家較長一段時間。對六歲以下的孩子來說，離家出走是非常不可能的，雖然他們也總喜歡往外跑，一個下午或一整天沒回家，到了晚上他們總是會回來的，他們還沒有足夠的能力可以在外頭生存下去。

有些孩子在與父母發生衝突時，選擇以離家出走來脅迫父母，但常常在外待幾小時，又流著眼淚回家吃飯或睡覺。這種出走，一般而言，並不會構成太大的風險。

較為嚴重的是由於家庭衝突而導致孩子長時間或經常性的離家出走。這類行為在青少年中更為常見。隨著年齡的增長，他們有能力離開父母更遠或時間更長些。

造成離家出走的原因有許多，除上述的家庭衝突（占主要因素）外，還有諸如家庭破碎的；父母關係不正常的家庭；與繼父母之間的矛盾惡化；躲避危機（如打壞家中貴重的物品等）；學業問題，成績不好，常曠課、遲到等等。有些不稱職或溺愛孩子的家長，常常容易被孩子的離家而嚇住，從而滿足孩子的一切要求，於是，孩子便把離家出走當作一個武器。富於冒險精神的孩子，常想逃離父母為他做的一切安排中去尋找一些新的東西，用以證明自己離開父母也能生存。這也是他們覺得自己需要自由和獨立的一種方式。

當發現孩子有離家出走的跡象，或有過這類行為的孩子被你發現後，你應該遵從以下幾點試試看。

第一式 坦誠的交流，可以增進你與孩子間的互相了解，這樣既可以了解孩子對生活，對他周圍的反應，對家庭的看法，又可使你的誠意融化孩子離家出走的冷漠心境，讓他知道家裡的所有人都愛著他。

第二式 仔細觀察孩子遇到麻煩或處於緊張狀態下的徵兆：撒謊、偷竊、欺騙、易怒、失眠、抽菸、喝酒或與老師、朋友和兄弟姊妹發生口角。如果你忽略了這些，他便會到外面尋求幫助。而當你了解到這些情況後，打罵和體罰都是造成他離家出走的直接原因。

第三式 當孩子不安或某一要求未能得到滿足而威脅父母要離家出走時，不要這樣鼓勵他；「好，你想走，我還可以幫你打包呢。」或者「走呀！如果你認為家裡很討厭的話，你想走，就走呀！」這樣的回答會讓孩子感到被遺棄了。這時你應該說：「如果你離家了，我會很擔心。因為社會治安並不是很好，在外頭你要是遇上可怕的事情，誰會來幫助你呢？」

第四式 當父母離婚或配偶去世需要建立一個新家庭時，你必須與孩子作一次誠懇、坦然的談話，你有必要徵求孩子的意見，因為這關係到你們以後的相處，如果你們達成了一致的協議，當新的媽媽（爸爸）進門後，孩子與你的新配偶發生矛盾而離家出走，我想絕大部分原因還在你們身上，既然孩子已從心理上接受了讓他不能接受的事實，他的確是努力了，而你卻可能忽視了對孩子的關心與幫助，所以，你們需要和孩子發展一種更為親密的關係，他們需要父母的愛，尤其是當他的親生母親（父親）離開他之後。

第66招

如果孩子討厭上學

孩子不愛學習，並不是一件很難解決的事情，孩子的厭學情緒，和你做家務時感到厭煩時的心理狀態不相上下。所以，在沒有找出原因之前，不能平白無故地指責孩子，否則，你就將在對孩子的教育上成為一個失敗者。

每個孩子都有自己的性格、特徵，以及興趣愛好，張三的孩子愛繪畫，而李四的孩子卻喜歡體育活動，這種差異是正常的。有的父母常抱怨：孩子本來挺聰明，可就是不愛學習；而有的父母則急於求成，在學習上不斷加碼，以致孩子對學習產生厭煩情緒。孩子不愛學習；是多方面的原因引起的，如果你能採取一些積極的、行之有效的措施，那麼，孩子的厭學情緒是可以改變的。

第一式 觀察孩子的學習動機是否正確。影響孩子學習質量的一個重要心理因素，是學習動機問題。動機，是推動人們為滿足某種需要而激發出來的一種內部動力。動力可以分為內部動力和外部動力兩種。如果討厭畫畫，一讓他畫就頭痛，或者乾脆不畫，你不必忙於批評、指責他，因為在外部壓力下才去行動的動機，是不能使孩子從內心產生自願、自覺的心理的。雖然這種外界學習的壓力對學習來說是很重要的，但孩子很難對一切學習任務都樂意完成，為了讓孩子對各門功課都能自覺地、積極地學習，你就要根據孩子的特點，通過讚揚、鼓勵和因勢利導，儘快把孩子的外部動機轉化為內部動機。你可以對孩子這樣說：「我知道你不喜歡畫畫，可你還是得學，別的同學都能做到，我相信你也能做得很好。」

第二式 關心孩子的學習。這就需要你的耐心，要從孩子小的時候做起，使孩子無法躲避任何實質性的問題。比如，從幼兒園接回來的孩子，你可以問：「寶貝，今天得了幾顆星？」如果孩子今天表現很好，他會很自豪地告訴你，他得了五顆。或者他會很慚愧地說：「今天和我貝貝吵了架，只得了一顆星。」孩子進了學校，更要時常提醒和詢問他的學習情況：「今天的考試怎麼樣？」、「老師上課所教的，你都全學會了嗎？」經常不斷地關心孩子的學習，可以使孩子產生一種如果我的學習不好，就無法向父母交代的感覺；同時也可以使孩子感到父母的確沒有忘記我，他們在不斷地注視著我。

第三式 多表揚，少批評。即使只有一點點的進步，也應給予表揚和讚許，以激發孩子的進取心。表揚可以使孩子產生愉快的情感體驗，批評則會使孩子難過，甚至還會產生心理壓力，但要注意：表揚要適度，過分了，久而久之也就不起作用，甚至還會起反作用，使孩子產生驕傲的情緒。「真高興，你這些數學題目做得又快又好。」這樣的話最多只能用兩、三次，如果能多換幾種表揚的語氣，或者給予一定的物質刺激，孩子會覺得拚命努力是值得的。

第四式 培養孩子學習的自信心。如果孩子對學習信心十足，就會思路靈活寬闊，學習主動，熱情也高。否則，就會自暴自棄，消極被動，束縛腦筋。所以在這方面，你應該給予積極的鼓勵，利用一些成語也可以收到好效果，如：「世上無難事，只怕有心人。」等等。

第五式 以上各式如都不能改變一個不愛學習的孩子的態度，那麼，你就要採取一系列的強制措施，要使孩子知道不愛學習，將會給他的一生造成什麼樣的後果。務必要告訴孩子：「你現在的工作就是把書唸好，否則，長大了你能做些什麼？」如此激將法，有時也是必要的。

值得提醒注意的是：不要給孩子過重的學習負擔，避免進行「疲勞戰術」，同時，還要給孩子創造一個良好的家庭氣氛和學習環境。

第 67 招

逃學背後的原因

父母對孩子總是寄托著很大的希望，希望孩子能出類拔萃，成為有用之才。一旦發現孩子走向了自己願望的反面，其惱怒的心情是可以理解的，但是，單是惱怒並不能解決問題，更不應由惱怒而大動拳腳，要知道，棍棒是打不回逃學者的心的。

「你再逃學！你再逃學！我打斷你腿骨！看你下次還敢不敢逃？」一位母親唾沫橫飛地在追著他逃學的兒子，氣得臉都青了。而採用這種棍棒教育的方法對待逃學的孩子，相信只有百害而無一利的。

孩子逃學，原因是多方面的，你應從多方面探討原因，並採取一系列相應的措施。

第一式 學業上發生困難，對學習不感興趣而引起的逃學。這樣的孩子，往往平時不好好讀書，到了考試一籌莫展，或者因為對某一門功課產生厭倦情緒。如果你的孩子因為上述原因而逃學，你不必太緊張，也不要因此而打罵、諷刺孩子。你應該積極幫助孩子解決學習上的困難，應該區別輕重，一點一點地進行全面輔導，要使孩子樹立起信心來，只要功課能跟上全班同學的步子了，他就不會再逃學了。

第二式 因貪玩而逃學的孩子，大多數因為感到上課沒有玩那樣有勁，平時只是應付著去上課，一旦有什麼特別引人的玩耍項目時，他們會合夥集體逃學。遇到這種情況時，你要端正孩子的學習態度。告訴孩子：「我希望你不要利用上課時間去打電動，否則，你的功課將會落後。」有的孩子因為父母平時管束太嚴，不讓孩子參加一些正常的玩耍和娛樂活動，節假日都把「補習」的功課排得滿滿的，於是，他就把玩耍娛樂時間插進學習的「空檔」裡。用逃學的方式去玩。

第三式 也許有的孩子並不因為成績會落後而停止逃學的行為，這時，你就要積極配合學校老師，給孩子制訂出一套完整而嚴格的作息時間，對孩子的上學、放學的時間嚴加管制，每天應給予一定的娛樂時間，告訴孩子，學習和玩耍你都需要，但作為學生，就應把學習放在第一位，只有把學業完成好了，玩耍起來才有意思。家長在安排孩子的作息時間時，要注意全面、調配得當，不要失之過嚴。

第四式 如果上述方法你都試過，結果依舊毫無改變時，你就要考慮孩子是不是被壞人引誘或教唆了。有些流氓、不良分子或教唆犯，常常挑唆一些學習成績差的孩子逃學，並唆使他們去幹扒竊等犯罪的活動。這些孩子行為的主要特徵是：經常性地逃學，行動比較詭秘，並時常欺騙家長。

出現這種情況時，家長應幫助孩子儘快擺脫那些教唆者的羅網，勇敢地站出來揭露那些教唆者的犯罪事實。在擺脫了那些教唆者的羈絆後，你就要及時教育孩子從中吸取教訓，這是很重要的，不要只重視「懲前」而忽視「懲後」，使孩子陷於逃學、犯罪的惡性循環之中。

第 68 招

如果孩子無理耍賴

耍賴是孩子對待父母的武器，二至六歲的孩子，這種行為尤為普遍。孩子耍賴或許會把你氣瘋，而你的反應又只能使他鬧得更瘋狂。多數父母都不能容忍孩子耍賴的德性，卻又無法堅決有效地制止孩子的這種行為，他們會由於對阻止孩子耍賴束手無策而感到沮喪和憤怒。

幾乎所有的孩子都有過這種耍賴的行為，他是想以一種「退化」的方式來表達他的需要，他不恰當的憤怒、失望等感情，就是希望父母能像對待嬰兒那樣對待他，因為他仍懷念幼小時的時光。而你卻不能認識到這一點，你是以一種更高、更新的要求來對待他，希望他的行為變得更成熟、更理想化。孩子可沒有這樣的想法，如果你能仔細觀察一下，就會發現一個很簡單的原因：孩子玩了一天，感到很疲倦，所以不可能很有說服力地，很有效地表達他的感情。

其實，孩子耍賴的最根本原因是他不能以別的更合適的方式表達他的需要。孩子耍賴是為了引起父母對他的注意，因為每當他耍賴時，他總是可以引起你的注意，就像家裡餵養的小狗、小貓一樣，希望始終得到主人的愛撫。無疑地，孩子的耍賴即是一種消極的、引人注意的行為。

所以當你的孩子耍賴時，你應該——

第一式 探討孩子耍賴的原因。孩子耍賴是在他很疲倦的時候，還是他的要求沒得到滿足時？是他感到需要你抱一抱的時候，還是在他故意無理取鬧的耍賴？

第二式 針對不同的原因，制訂出一套行之有效的管教方式，這將使你的工作大見成效。比如說：當孩子的要求遭到拒絕時，他或許會糾纏不休，或許會倒地打滾耍賴。遇到這種情況，可以暫且不理他，因為這只是一種嘗試行為，只要這種行為得不到強化，引不起愉快效應，不久就會自行停息。你也不需對他作過多的解釋，堅持你的原則，無理的要求將永遠見不到陽光。

第三式 發現孩子故意耍賴時，你要告訴他：「我知道你心裡很煩，但我希望你能儘量控制自己。」哪怕你只看到他在情緒管理上只有一點成效，你都要說：「好棒哦！你已有進步了！」過一段時間又說：「當你努力控制自己，不耍賴時，我覺得你真可愛。」

第四式 大一點的孩子也喜歡耍賴。凡六歲以上的兒童耍賴，往往都是想捉弄你一番，或出你的醜，讓你難堪。對待這類型的孩子，你必須採取一種新的態度和紀律來約束他，因為你以往的教育方法都讓他如願以償，而一旦他遭到拒絕後，就會以耍賴的形式來報復你，軟弱無能的父母常常會讓孩子一次又一次的得逞。記住：只有當你第一次堅決制止後，他才可能有悔改的意念。

第五式 選孩子不耍賴的時候，跟他談談，你可以說：「我看得出來，當我讓你去做你不情願的事情時，你就耍賴。你可以試著不用耍賴的方式，而用正當的方式告訴我我們可以好好商量一下，，我相信你一定能做到這一步。但是，你的工作仍需要你自己來完成。」

第六式 對付一個耍賴的孩子，家庭成員的態度一定要明確（尤其是老人家），如果能較好地配合父母的工作，就能儘早地改變這種不正常的做法。只要有一個人沒能堅持原則，孩子便有機可乘，便會削弱教育的效果。

第 69 招

好朋友勝似親人

一般說來，孩子需要父母，也喜歡朋友，無論是異性朋友，還是大小朋友。一個學齡前的孩子會因為小夥伴沒來找他玩而感到很傷心。媽媽想哄他玩，安慰他，可他（儘管他非常愛媽媽）會說：「我要小朋友，妳不是小朋友。」孩子對同齡朋友的興趣在嬰兒時期就出現了。幾個月的嬰兒就會對另一個嬰兒微笑。到了一歲多，他們可以在一起玩了：滾球、搭積木、玩沙子……三歲小孩的心中會產生初步的相互依戀的事情——這是友誼的萌芽。隨著歲月的流逝，他會更加需要夥伴和集體。他們在一起，相互關係是完全平等的，他們一起做遊戲，一起看故事書，並且學會尊重別人和保護自己。這樣的交往，無疑能為他們的正常發展提供最有利的條件。

然而，有些家長卻看不到這一點。他們獨斷專橫、粗暴地干涉孩子們之間的關係。對孩子朋友的冷淡只能引起我們與孩子間的隔閡與衝突。比如說，你的孩子很欣賞他的班長，而你卻對這位同學提不起興趣，甚至反感，那麼，孩子一定覺得你自傲，他甚至會很傷心。

在孩子的少年時期，朋友對他的影響要比長輩大得多。在日常生活中，如果我們真正了解自己的孩子並能細心觀察的話，就不難發現，孩子無論有了什麼新發現，他首先要告訴朋友，願意和朋友一起議論，而不是和大人討論。

了解孩子同朋友及周圍人們的關係，是家庭教育中的又一個重要環節。

第一式 為孩子尋找一個大集體，使孩子能廣交朋友，認識社會。孩子到了六歲左右就開始接受正式教育，一個嶄新的成長階段開始了。在這一階段，你必須教孩子學會成為小組活躍的成員，尤其是獨生子女，他們能了解到在集體範圍內，可以使用各種方法發揮個人的技能。從這點出發，孩子還可以懂得，集體生活會帶來樂趣。為了尋找樂趣，必須教會孩子在小組中有效地用語言表達自己的思想，促進交流。他們還必須學會為其他人的利益做出有益貢獻，從而得到成人、同齡人和新朋友的讚許。這種本領為孩子長大以後，成為社會一名有成就的成員，並能善於處理好與他人的關係方面奠定了基礎。這一切都需要父母的關心和理解，需要父母對孩子及其朋友的新認識。

第二式 即使在最不方便的條件下，父母也值得花些力氣去了解孩子在學校、在鄰里（社區）同別人的關係。這樣可以加深對孩子的了解，有助於找到合適的教育方法。同每一個陌生的人相識，都會增加孩子的社會經驗，在他思想上留下一定的痕跡，影響他在以後的待人的態度。

第三式 父母應當理解孩子同朋友交往的願望，在交往過程中幫助他，促進他們的友好接觸。父母的作用在於，幫助孩子跟人們交往打破那種封閉式的生活。孩子如果善於跟同齡孩子建立牢固持久的關係，這是非常可貴的品質，因為他們的關係建立在平等互助的基礎上。

第四式 與孩子的朋友保持友好親密的關係，將會幫助你更好地了解自己的孩子。當孩子的朋友感到寂寞，受到冷落時，父母應主動與之攀談。有時大人與大人之間會只顧聊天，而無意中使某一位小客人感到孤獨，像被人遺忘在角落裡一樣，默默無言。遇到這種情況，父母就應設法消除他的孤獨感，但態度要溫和、委婉、有分寸，不要使他厭煩。因為這樣的孩子往往膽小、寡言，別人的關心有時反而使他更加難堪。遇到這種情況，做父母的應主動引導孩子們換個話題，或改做其他的遊戲，切不要冷落了孩子的朋友。如果我們把孩子的朋友也當作自己的朋友，我們將從他們那裡了解到平時不容易了解到的東西。

第 70 招

濫交朋友不如沒有朋友

從理論上講，我們希望孩子自己能選擇他們自己的朋友。我們以一種開放的態度來看待它，我們知道自由自在地與小朋友交往孩子開發人際關係的第一步。

一般正常的孩子都有一些朋友，有些是良友，另一些則不怎麼樣。孩子們並不像父母那樣懼怕與父母不讚許的孩子來往。孩子經常帶回那些叫父母討厭的朋友，如欺軟怕硬的孩子，愛吹牛的孩子或者難以容忍的流鼻涕、愛哭的孩子。一般說來，孩子的道德感主要在一二歲定下來，這時，壞夥伴的影響也不能改變孩子已形成的性格，他們基本上已能分清誠實與虛偽，會選擇自己的朋友，但也會出現這樣的情況：在一定時期內，孩子受到愛搗蛋頑皮的孩子的影響（也許正是由於他們性格上的不同，才把他們吸引在一起），有時會幼稚地自吹自擂；有時候，很遺憾，他們還會把某些完全不正派的行為，認為是富有個性的表現，他們會試著模仿不同類型的生活方式，但卻不可能改變他的性格和道德觀。

有時候，父母有必要做一些實質性地研究，作為衡量孩子選擇朋友的尺度。一個孩子需要有機會與個性不同的孩子交往，以彌補自己的不足。例如：孤僻的孩子需要較開朗的朋友；過分受到保護的孩子需要自主性較強的玩伴；膽怯的孩子需要和較勇敢或富於冒險精神的小夥伴在一起；幼稚的孩子能從和比較成熟的玩伴們的交往中得到益處；受幻想的孩子需要更平凡一些的孩子的影響；霸道的孩子可以由強壯而不好戰的玩伴來矯正。研究的目的，是使孩子和不同個性的朋友在一起相處，並鼓勵他們之間建立相互矯正的關係。

一旦孩子濫交朋友發展到了令人咒罵、非議或對社會不益時，父母就必須採取一些必要的手段，阻止他們的交往，使他們能更快地擺脫那些壞夥伴（至少是些品德不良的孩子）。

第一式 防止那些引誘人犯罪的孩子，成為支配你的孩子占支配地位的「朋友」。因為他們的豐富「經驗」，可能在學校或鄰居裡以英雄的身分和不易識別的典型出現。允許孩子有權選擇他們的朋友，而家長們又要負責保證他們選擇的是有益於他們，這就需要採用細緻核對和平衡的方法。

第二式 讓孩子感到他的朋友在家中會受到歡迎。孩子和他的朋友們在家中相處得越融洽，就越不可能去外面尋求刺激。這就為孩子交友打下健康的基礎。

第三式 對一〇歲左右的孩子來說，對他朋友的直接指責，很可能導致孩子的反抗，而間接的、巧妙的批評則要有效些。你可以試著對孩子說：「這孩子常闖禍，你和他在一起可要注意！」或者你也許知道，為了某些特殊的原因，而去找孩子的朋友，這樣做是不是明智呢？你還可以斷定：「我覺得你的朋友事事以自我為中心，很少考慮你的需要。」

如果你的孩子仍繼續與那位不討人喜歡的朋友交往，你可以進一步和他解釋為什麼有些朋友不能交，交這種朋友會對他有什麼不好的影響，你也可以改變一下他的作息方式來限制他們，並告訴你的孩子，這是你規定中的一個條款，希望他能確實遵守。

第四式 了解孩子的需要。及時發現可能使孩子誤入歧途的需要（刺激，冒險、名聲、感情歸屬）。安排適當的活動和家庭會議來滿足孩子的這些需要，以及增進父母與孩子間的良好關係。

第五式 告訴孩子，儘管他有權利和他們選擇的朋友交往，但絕不能允許他們幹違法的事。如果孩子的行為冒犯了他人的權利，那麼你就必須干涉，對他的行為負責。你也有權阻止一位不尊重人的孩子出入你的家。

第六式 當上述的這些方式都不能阻止你孩子的行為時，就必須採取更強有力的措施——隔離，如讓孩子暫住親戚家或讓孩子轉學等等。嚴厲的懲罰之後，積極的教育措施要隨之跟上，而這一點已是我們長期以來所疏忽的了。

第 71 招

沒媽的孩子也是寶

離婚，對每一個當事人都是沉重的打擊。對父母來說，這是許多懷抱著熱望的夢和抱負的結束。對孩子來說，似乎是世界的末日，他所體驗的是他的整個世界像崩潰了一樣，他不知道該怎樣把以往的生活還原。

父母離婚了，留給孩子的卻是滿腹疑慮：誰引起了離婚（也就是說該指責誰）；孩子對父母破鏡重圓的幻想；對攪亂他正常生活的父母的憤怒；以及對何時才能見到離開的父親或母親的擔心。還有個問題：「既然離婚了，我還能以同樣的方式愛爸爸媽媽嗎？」

一般說來，父母倆都沒意識到離婚對孩子的影響。父母最壞的做法是利用孩子作為互相報復的武器。這種感情是粗俗的，不道德的，而這種機會是存在的，也是時有耳聞的。有的父母可能受到斥責和誹謗，而孩子可能被迫處在監護、金錢、教育和探視權等問題的爭吵中，還必須選擇自己站在哪一方。這對孩子的影響是嚴重的。

如果你沒對你的配偶勃然大怒，你的行為始終落落大方，你的解釋工作將是非常容易的。在一個破裂的家庭的痛苦和混亂中，你必須選擇一條對孩子傷害最小的道路，也就是說：當你們倆已經決定要離婚時、你們應該找個舒適的地方和孩子一塊坐下來，和他談談你們必須離婚的一些情況，你們必須這樣做幾次，才能取得效果。因為孩子不論是動作還是說話都向你表明「我不想談論這些無聊的事情！」

第一式 當孩子不能理解時，你可以向孩子解釋：「我和你爸爸不能再在一起生活了，因為我們相處得不好。」如果孩子說：「我不想聽這些無聊的事情。」那麼，你要更進一步說明：「我知道你這樣做是因為不想聽這些事情，也不想談論這些事情。」如果你在孩子面前哭了，你要說：「我哭了，是由於我非常難過，這對我來說是難以忍受的，但是，我會好起來的。如果你也想哭，你也可以哭，」還要繼續說：「我們已試圖解決我們之間的問題，但我們無法解決，所以，我們需要彼此分開。我們本來希望能克服困難，但我們做不到。」

第二式 告訴孩子：「離婚是我們大人的事，與你的所作所為毫無關係。我們離婚絲毫都沒有改變我們倆都非常愛你的事實。有時，我們做的事情可能讓你感到困惑不解，不過，即使你很不情願，我們也得離婚。」

第三式 由於你們的離婚，致使孩子憎恨你們，或者在外遭到不公正的待遇時，要向他解釋：「如果這使你恨我們，或感到不安，我們都能理解。因為我們也有這種感覺。」有必要讓孩子知道你們的心情，這是很重要的。如果他在外受到同伴們的譏笑或誹謗，回家時你對他的遭遇表示同情和深感不安，你的態度說明了你對不起孩子，孩子慢慢會理解的。記住，重要的是需要孩子的諒解。最後需要補充的一點就是：孩子可能不會馬上聽進去你說的一切，所以，如果你每次都談一點有關離婚的事情，他就能逐漸地接受。

第72招

為保母樹立威信

如果是雙薪家庭，男女都要上班，所以孩子在育嬰假結束時，很可能是由阿公阿嬤的長輩來幫忙或是請個保母來帶孩子。從此以後，孩子便得到一個印象——他離開了母親，似乎還失去了什麼。當孩子覺察到周圍的一切變化將會給他帶來有利或不利的影響時，孩子會想：「她是誰？我不願意和她待在一起。」或者「為什麼當我需要爸爸媽媽在家時，他們偏要出門呢？」或是「我想跟他們一起出去，我不想離開他們。」當然孩子們到了青春期，這些問題便不存在了——他還會很高興地把你們送出家門。

當你為了生孩子、照料剛出生的小寶寶，你在家已足足待了將近半年也許更長的時間以後，你得著手恢復過去的生活秩序：上班——家務——休息（不過，現在還要承擔教養孩子的義務）。你希望這一切都能在正常的生活軌道上進行，於是，你請來了保母。當你歷盡千辛萬古找來一個能幫助你料理家務、照顧孩子的小保母時，孩子卻大哭大鬧。孩子不理解是有道理的，因為照顧孩子是做父母的天職。

有些人請了保母之後，出門還要偷偷溜走，其實這是很糟的做法，一旦孩子已饒有興趣地和別人玩鬧時，發現你突然不在，他將會變本加厲地哭鬧或折磨在他身邊的人；而當你哄騙了孩子，孩子會怎麼樣呢？也許你今後再也不可能藉此出門了。因此，有了保母之後，你首先要訓練自己每次出門都可以大大方方和孩子說「再見」，剛開始，孩子在你出門可能還會哭鬧，但幾次之後，他心裡就會明白，你出門是一件很正常的「日課」了。

第一式 給孩子找個保母。即使你需要額外花很多錢，你還是要讓保母首先了解一下孩子，這很必要。或者告訴孩子保母非常希望見到他（她），這樣做也是有益處的。不要對孩子說：「阿姨會像媽媽一樣對待你，保護你。」這是不實際的，也是不可能的。此外，將孩子的興趣和習慣告訴保母，這有助於建立良好的關係。

第二式 把你給孩子定下的規定告訴保母和孩子，讓孩子知道，父母不在時，他必須聽從保母的吩咐，你的規定，孩子必須服從，不要讓孩子認為保姆是外人，他可以不去聽保母的話或規定等等，否則，孩子便不會聽保母的話，而你也就永遠走不出這個家門了。

第三式 妳是保母的堅強後盾。孩子會利用種種機會來與保母對抗。有時候孩子會耍耍花招：「媽媽說我可以不必午睡。」保母不得不說：「她對我說是中午一點到二點必須午睡。」遇到這種情況，妳要當著兩人的面重複一遍妳的規定，讓保母知道，妳是她堅強的後盾。記住：「妳必須肯定對保母的支持，以及妳希望孩子能遵守那些規定。」

孩子還可能作出一些令保母難堪的舉動，妳必須事前告訴保母，讓保母有所準備。通常，孩子會說：「我不喜歡她。我認為上星期請的小阿姨比較好。」或者「我不喜歡她，她會罵我打我。」

如果孩子總喜歡講抗議之類的話，你直接把孩子的這種習慣告訴保母是比較明智的。你可以率直地告訴她：「我的孩子可能會說諸如我不喜歡你的話，這只是因為他不想讓我們離開。」一般說來，保母都是能理解的。多數人都知道，孩子如果感到不愉快，他們常會以各種否定的形式表現出來。

第四式 關鍵時刻，你必須堅持原則，而且要堅持到底。你要經常提醒孩子他沒有遵守你的規定，其中包括保母的合理建議，即使孩子還非常小，你仍應該小小地懲罰他一次，這對一個小於二歲的孩子來說可能很困難，因為他很難理解這種以前從未有過的滋味。你應該告訴孩子，因為他不聽保母的話，所以才不能出去玩。而年齡大些的孩子是很容易理解這一點的。

還有另外一種情況：即保母對孩子很好，但卻不能約束他或不能把你的規定堅持到底。在這種情況下，對孩子使用懲罰手段就不公平了。這並不意味著因為保母無能，孩子便可以任性。要求孩子完全自覺，在你不家時，也自動遵守規定，這是不可能的。你在靈活機動地運用規則的同時，還要現實地對待保母的能力。

記住：孩子試探新老師、新朋友和新保母以便了解他們，這是很常見的。其實成人也是這樣，只不過是以一種更為複雜的方式試探而已！因此，你不必擔憂小孩子初期的對抗行為，更用不著大驚小怪。

第 73 招

逗孩子的學問

誰不喜歡孩子可愛的笑臉？那甜蜜的笑容，比花兒更迷人。父母愛孩子喜歡逗孩子，這是人之常情。可是，你是否想過，逗孩子也有學問？

不要以為這是故弄玄虛。實際上，逗孩子是家長對孩子實施教育的一種方法。正確地運用逗孩子的方法，可以藉此催開智慧之花，而不恰當地、過分地逗弄，反而會傷害孩子幼小的心靈，所以家長切不可掉以輕心。

逗孩子，一定要有正確的動機。適合兒童心理特點的逗引方法，使孩子幼小的心靈裡產生正確的概念、敏銳的思維，從而把孩子的智力發展引向科學的軌道。

遺憾的是，不是所有的人都懂得胡亂逗孩子的危害性。比如說，你是位年輕的叔叔，卻要小孩叫你爺爺；明明是月亮，你卻偏叫孩子認作太陽等等。且不說這種逗法實在低級、庸俗，更不好的是它會造成孩子「概念」混亂，使孩子輩分不分，用詞錯誤，影響了孩子智力的正常發展。那麼，逗孩子有哪些技巧呢？

第一式　莫引童心進「迷宮」。在日常生活中，我們經常看到一些令人不愉快的、消極的逗孩子的現象，如有的人，以把孩子逗哭笑為樂：「哭一個給阿姨看看！」「笑一下，給你糖吃！」有的把孩子逗得發瘋似地撲鬧；有的更以驚嚇孩子為樂趣者，把這個孩子逗得喜怒無常，哭笑不定，悽悽惶惶。你是否也曾這樣逗過孩子？要知道，這類消極的逗樂方式，可能造成孩子不知黑白、不懂禮貌，打人罵人，甚至怯生怕事，神智不清。因此，逗孩子一定要講究方式與方法，要從愛護孩子出發，不可胡亂為了自己的「與趣」而逗弄，以免把孩子那顆純真的心領進「迷宮」。

第二式 成人逗孩子，要有明確的目的，動機正確，這樣才能將孩子的情趣愛好，詞彙學習，性格塑造等等，導入長知識、愛科學這一時代的要求上來。逗出孩子的聰明才智，這才是我們所希望的。學齡前期的孩子，不但對表揚有朦朧的認識，而且對周圍客觀事物，尤其是對那些易仿、易學、易做的事，極易產生濃厚的興趣，並進行強烈的追求。如果在孩子兩、三歲時就逗他用筆在紙上畫（無論他畫的是什麼，只要他肯畫），那麼，你經常性地給他筆和紙，再加上你適當地指導，相信這孩子今後必定會在繪畫方面有一定的造詣。

第三式 有了正確的方式，你還必須運用多種多樣的生動形式逗孩子。單一形式或反覆同一內容的逗孩子，都會使孩子感到厭煩，失去興趣。有經驗的父母善於以各種生動有趣的方式來誘導孩子：看圖畫書、講講故事、摺紙等等。到戶外的話：賞鳥、賞花木、放風箏、學製科學小玩具……用多樣化的形式開拓孩子的智力，把他們領進科學、藝術和生活的「大千世界」。

第四式 逗孩子，不僅要掌握孩子心理活動一般規律，還應注意根據不同孩子的不同素質進行逗樂。如有的孩子身體素質較差，父母就要多逗孩子進行適當的體育鍛鍊，如逗他蹬蹬「小三輪車」、「盪鞦韆」、「遛滑梯」等等，通過逗樂的方式，來增強孩子的體質，而體質好又有益於智力的發展。實際上，逗孩子是對孩子的一種特殊教育，並不全是和孩子胡鬧。但願所有的父母在逗孩子的過程中，向那一棵棵稚嫩的心芽上，澆上一滴滴智慧的甘露吧！

第 74 招

有關看電視的條約

電視是個怪物還是個天賜之物呢？現代人不分男女老少，幾乎一有休息的時間，就會把遙控器緊緊地握在手中，電視幾乎成為與外界接觸的大窗口了！一般來說，電視也是孩子們認識世界的窗口——正如成人那樣。

若不評價電視對孩子的社會準則和行為的影響，對他一日生活的討論是不完整的。孩子們喜歡看電視，勝過看書、聽音樂或閑聊。因此，許多家長為了孩子的功課原因而想阻止孩子看電視是很難的。

孩子看電視也會有壞的影響，這是經常被大家熱烈討論的問題，但是，直至今日，這種現象不但沒有改變，而且依舊普遍地存在著。與其為了這個緣故，不顧孩子的喜愛，而硬性規定不准他看電視，倒不如積極地去利用電視做教育的工具。你應該坐下來和他閑聊故事的某些情節，這樣就可以就某個重要問題展開討論，一個生動感人的故事，有助於滿足孩子的情感。電視隨時都可能成為你和孩子交流的工具。如果不加區分地讓孩子看電視的話，久而久之，他會認為這個世界是個非常奇怪的東西：令人可怕的、令人傷感、令人困惑不解的。這對一個孩子來說，是沒有什麼益處的。

如果你與孩子為看電視的時間發生糾紛的話，現在你必須著手解決這些糾紛。

第一式 重新安排電視的時間。要給孩子規定一個專門時間看電視，要坐下來向他解釋你的新安排：「為了你看電視，我們爭論得已經夠多了，我們還是得實行些新的規定。對於某些規定，你也許不會滿意，但你必須學會遵守有關看電視的規定。」告訴他看電視要有一個特定的時間，以適應全家的日常生活。還要說明，看電視的時間也應有所限制，如果長時間地、無休止地看電視，不僅會影響他們的視力、健康，還會影響他們的學習成績。比如，一週看上一兩次或兩、三次即可。學齡前的孩子，每次看半小時至四十分鐘為宜，隨著孩子年齡的增長再慢慢增多，當你實行這些規定時，他應聽你的話。

第二式 告訴孩子，父母無權控制電視和電視節目，但父母有權為孩子選擇他能接受或者是能看的節目內容，電視分級尺度可以提供家長參考，一些過分渲染凶殺的場面，及情色方面的鏡頭要避免讓孩子觀看。要知道，讓孩子過多、過早地接觸這些內容，對他的成長並沒有什麼好處。

第三式 如果孩子根本不把你的規定當一回事時，你不要大喊：「把那該死的電視給我關上！你怎麼從來都不聽話！」你應該設法提醒他：你有權停止他看電視。如果他還不聽話，就立刻關上它。如果孩子自己能關上電視，你就別幫他這麼做。你只是需向孩子示意，你控制了這種局面。等他願意聽話時，他就有權控制這台電視了。

第四式 告訴他不聽話的後果：第二天就不能看電視了。當然，不要盡是說些不現實的話，諸如「好吧，就這麼辦了！兩個星期不許看電視！」你應該讓孩子通過遵守規則來恢復看電視的權利。設計一系列辦法。如果孩子還不服從的話，就告訴他下次再不聽話，就兩天看不成電視，而不是一天。他最終會明白，他總是「贏不了」。這樣一來，他便可能決定是遵守那些規則了。一旦你已定下了規則就不要再和他爭論了。你不要講得太多，對那些大道理，無論什麼樣的孩子都會對此充耳不聞。假如你提前告訴孩子這些規則是怎樣的，也把後果說明了，那麼你只需堅持到底就足夠了。

總而言之，要小孩少看電視，身為父母的你，也應該少牢牢地握住遙控器。你不妨用看電視的時間去看一本書，這樣你的孩子也會變成喜歡看書的孩子了。

第 75 招

與人共享的遊戲規則

作為家長、你看重共有、禮貌、理解、謙和、奉獻以及其他一些社會品格，而孩子卻對那些來訪者感到不滿，他不願與他人分享任何東西，也對入侵的外來客產生排斥。

當孩子的朋友來訪時，無論是親戚的孩子還是鄰居的孩子，孩子的行為可能會發生戲劇性的變化。有些孩子非常高興，把自己所有的玩具和食品拿出來與朋友共享，而有些孩子則過分吝嗇，拒絕和朋友一起玩，甚至會表現出盯著對方，不准他摸這個不要他動那個的專橫性格。

如果孩子的行為使你感到尷尬、憤怒的時候，那你就只好出面干涉了。你也許會偏袒來訪的孩子，並責備自己的孩子說：「你怎麼可以這樣對待你的朋友。」或「我看你不是一個好主人，太小氣了。」孩子可能會在心裡想：他才不是我的朋友，我為什麼要給他玩具玩。所以，在你給孩子下結論之前，最好先弄清楚他與你的看法有什麼不同。

某些孩子對他們周圍的環境有一種很強的占有慾，從一開始，他們就不想與他人分享玩具。當朋友來訪時，有些孩子會變得焦躁不安。如果小朋友也想占有你孩子的玩具，就更成問題了。你的孩子不能理解，當他感受到威脅時，你為什麼偏要他做出讓步？

有些孩子卻不一樣，他們希望家裡天天都有小朋友來訪，他們很大氣，願意讓自己的玩具，而且有時還把自己喜歡的餅干糖果拿出來與來訪的朋友共享，這樣的孩子，做家長會為此感到高興、自豪。如果你的孩子不願意跟他人分享任何東西，也無心表現出友善。這時孩子的行為會使你越來越覺得，該到了處理這些問題的時候了。

第一式 檢討自己的行為是否是引起孩子自私行為的根源。家長如果在平時，有意無意地說上一、兩句這樣的話，也是影響孩子對待他人態度的原因。比如，「不要把那架電動飛機拿出去玩，搞壞了，我可不會給你買了。」或者「我說你還是把它收起來吧，如果小明來了，你們又會為它吵架。」你的言行會直接影響到孩子的行為，如果孩子因此使你尷尬、丟了面子，那麼，責任就只能由你承擔了。

第二式 提前定個規則。告訴孩子，如果他想讓朋友來玩，他就必須遵守這些規定。他應該提前選擇哪些玩具是他想和朋友一起玩的，哪些是想留給自己的。你應該強調說，這麼做是他的權利範圍之內的事。如果他對你說：「我不想和別人一起玩我的玩具！」你就該讓他知道，他的朋友也許因此不來了，因為他不能和朋友共享遊樂的工具。

你定下了這樣一個規矩或你的希望，孩子也許會覺得你還是站在他這一邊，他有權選擇他想和朋友玩的玩具，這樣做的目的，是讓孩子自覺自願地奉獻。

第三式 告訴孩子，你的那些規定同樣也適用於他和弟妹的關係。如果他願意，大部分時間，他都可以跟朋友一起玩，如果有弟弟、妹妹而沒有其他小客人，那麼其中幾個遊戲必須大家一起玩。如果孩子想要單獨與朋友在一起，作為家長，你要保證孩子的這種權力，你要告訴他的弟弟妹妹，那是他的客人，下次，他們有客人時，他們也有同樣的機會單獨和自己的朋友玩。

第四式 當孩子和他的朋友爭執、打鬧起來時，你就要拿出家長的權威，制止他們的打架行為，你可以走進孩子的房間先聽孩子解釋清楚他們打架的原因，不要袒護任何一方，然後告訴他們，「為這點小事打架，你們說該不該？」你也可以和他們一起玩這個遊戲，以解除他們的敵對情緒，對於孩子，家長的這種行為有助於改進他們遊戲方式，這樣更會積極鼓勵孩子解決他們之間的不和，而不需要打架。

第五式 假若孩子們沒過十分鐘又舊病復發，那麼，你只好把他們隔離起來，讓他考慮一下不爭吵是不是也可以玩。如果沒效果，你就讓他的朋友提早回家。你的孩子會因此而覺得尷尬，必須讓他明白，這是他錯誤行為造成的後果。

當孩子的朋友犯錯時，你就必須告訴他們的父母，這樣做也許會得罪某些家長，但也只能這樣做，因為這是唯一能解決孩子間問題的辦法，明智的家長很可能會與你合作，早早地帶回自己的孩子。有些孩子可能會感到又氣又窘，但他們必須由此知道，錯誤的行為會導致一定的後果，而且你會在一定的時間教他們改進自己的行為，這也是你的責任。

第76招

在遊戲中領會人生

遊戲是孩子的大事，他從中得到樂趣、學習知識、發展智力，增進友誼。遊戲時他全神貫注，不會半途而廢。在他看來，飯可以不吃，覺可以不睡，書可以不讀，而遊戲不可以不做。所以，你可以利用遊戲來吸引他、啟發他、約束他……

遊戲往往能反映孩子生活的能力。我們知道，遊戲對於孩子的成長具有特別重要的意義。可是，有的父母只把遊戲當作娛樂，只要孩子不哭、不鬧、不打攪他們，不提出問題來糾纏他們，不妨礙他們休息或做事，孩子願意怎麼玩就怎麼玩，願意玩什麼就玩什麼。他們不知道孩子玩遊戲有很多規則。

一般來說，家長在召喚正在遊戲的孩子之前，應等待他們做完遊戲，至少應使他們的遊戲暫告一段落，以不使一塊兒玩的小夥伴為難。這樣做的道理並不難理解，可許多父母竟對此一無所知。他們不時地打斷孩子們的遊戲，讓他們為自己拿這取那，來回奔跑。對孩子們的遊戲採取這樣的態度是極其錯誤的。這些家長不懂，孩子在遊戲中能逐步學會掌握行為的準則，學會正確處理和形同其他孩子的相互關係。他們在遊戲中的表現正反映了父母的個性。而家長對待孩子遊戲的態度往往也反映了他們教養的水平。

因此，我們說，遊戲是孩子們走向社會、參加社會活動的第一階段。每一種遊戲活動都以其獨特的方式對孩子的心理發展產生著影響，這對於孩子的思維能力和想像能力的豐富、完善和發展都將起著極其重要的作用。

在孩子遊戲過程中，家長要給予必要的幫助，有的孩子「見異思遷」，父母就要訓練他把一件事情做到底，讓他們學會克服遊戲中可能出現的困難或產生的障礙，這是鍛鍊孩子毅力和意志的極好時機。

注意調動孩子們的主動性和創造性，也是很重要的，不該把他們管得過死，也不要對他們不停地禁令、發指示：「那樣不行，要這樣！」或「你不行，看我的！」我們的願望是想讓孩子在遊戲中表現出將來應當具備的道德品質：對同伴的關心，對人的友善、誠實、正直，尊敬長輩，熱愛勞動等等，而不是讓他們變得更加專橫跋扈，目中無人。

孩子喜歡遊戲，這是因為孩子隨著年齡的增長，對周圍的事物感到新奇，他們活動的獨立性逐漸增強，渴望自己能夠做許多事。可是，由於幼稚，生活經驗少，不能直接參加社會實踐，這時，遊戲就是他們領會人生的最好形式。如果每一位做父母的都能及時給予幫助和正確的引導，讓孩子在遊戲中更加愉快而生動地獲取知識養料，那麼，對於孩子的成長將是很有益處的。但假若你還不能很好地組織、指導孩子遊戲時，你該做的也許要比你想像的要難得多。

第一式 要讓孩子聽你的話，最好的辦法是用遊戲式的方法去教育他，誘導他。倘使他不聽你的教訓，不受你誘導，你再用強迫手段去對待他也不算太晚。遊戲式教育法，業已被許多家長廣泛利用。做父母的如果能利用這種心理，以遊戲式的方法去教導他！

第二式 多與孩子進行一些趣味性的遊戲。例如，圍棋、象棋和跳棋等，室內遊戲能夠幫助孩子如何去運用自己的頭腦，做父母的應該認清這一點，這類遊戲，可以說是一種相當嚴肅的遊戲方式，它促使腦子認真地去思考，訓練了個人的智能，同時也是培養孩子努力爭取勝利的好方法。當孩子在比賽中輸給了對方，他必定感到傷心，還有受挫的感覺，這時，你就要考慮孩子這時是否想逃避這一事實。假若孩子將棋盤打翻了，你該做的就是激發他如何改變方法去奮戰到底，同時勉勵他：勝敗是兵家常事，保持風度比勝敗更重要。

你可以告訴孩子：「暫時的失誤，並不等於永久的失敗，你可以迎頭趕上，那麼，你至少有勝利的機會。」遊戲中，不能讓孩子有絲毫的退卻心理。

第三式 孩子們的遊戲，有時也會給父母帶來許多麻煩。例如，當你出門後，兒子招來鄰居的小夥伴，把家裡的小板凳擺在一起，每人手裡拿了一樣東西，有鍋鏟、飯鍋、杯子、椅子、洋娃娃等各種玩具，他們開著「汽車」，做「辦家家酒」遊戲。正玩得起勁，你回來了，看到地上亂七八糟時，頓時火冒三丈「你們造反了，都給我滾出去！」嚇得孩子們面面相覷，不知所措。

如果你是這樣一位家長，你不覺得這樣的吼叫太過分了嗎？正確的方法是：首先讓孩子們把不應拿來玩的東西歸放原處，再讓他們自己動手把凳子擺整齊，把地上的東西收拾乾淨，然後告訴他們：「我知道你們都喜歡上我家來玩，我很歡迎，但如果你們亂拿東西（除了玩具），以後你們就只好分開回家去玩。」儘管這時你怒氣未消，但你仍需克制住自己的情緒，這樣做的目的是既不會讓自己的孩子難堪，也沒破壞孩子間的友好關係。孩子們也許還會知道他們遊戲時，怎樣才不會給大人們添麻煩。

最後再重複一遍，孩子的遊戲是他生活中極其重要的一部分，對此應給予特別的注意。父母要幫助孩子做好遊戲，為孩子的全面發展提供最有利的條件。

讓孩子宣泄憤怒的情緒

憤怒，也是表達感情的一種形式。生活中，每個人都會有這種感情表達的時候，只不過有時它會使你感到很不舒服，甚至是很痛苦的。孩子在表達正常情緒時講的話，有時聽起來像是在攻擊對方。父母可能會聽到：「我恨妳——我希望妳不是我的媽媽！」或者「妳是世上最自私媽媽。」通常，父母最典型的回答是：「你怎麼敢這樣跟我說話！」或是「你這孩子真是無法無天了！」另一種普遍反應是：「你怎麼敢這樣跟我說話！我是你的母親，生下了你，辛辛苦苦地撫養你，我天天都在為你操心，可你卻這樣對待我！」對他說了這些話之後，你會因為他的內疚而暫時感到滿足，但是，這絲毫不能改變他的這種行為。

自覺或不自覺地，我們通常會向我們感到有安全感的人發火。所以，孩子生你的氣，表明他對你發泄這些憤怒的情緒，也感到非常安全。

幸運的是，今天大多數父母都能認識到孩子也需要表達自己的情緒——不論是積極的，還是消極的。有時，孩子們表達情緒的方式會激怒父母，無論父母多麼開明，這種情緒的發洩都會令人感到灰心喪氣。其解決辦法是：既要讓孩子把消極情緒發泄出來，又要限制他們的表達方式。

如果你的孩子總是用罵人或不斷地哭嚎來表示他的憤

怒，那麼，這種方式是不允許的。而另一方面，偶爾的（不是習慣性的）強烈反應也可以視為正常。作為父母，應以一種堅決而又讓他理解的口氣說：「你說這話應該感到害羞。當你氣憤的時候，你必須用另一種方式跟我說話。現在，先讓我們來談談是什麼讓你感到心煩意亂。」

如果你聽到孩子罵人，由於沒有心理準備而失去自制力，你可以在事後重提此事，對孩子說：「你用那種方式跟我說話，讓我非常生氣，不過，我知道你那時一定心情不好。」你這樣做非常明智。好吧，讓我們來看看下面幾種具體的做法吧！

第一式 要注意是什麼原因引起了他的憤怒，弄清楚這一點是很重要的。例如：是由於他不能為所欲為？還是欲做而不能？是他的感情受到了傷害？還是他感到悲觀失望？

第二式 如果孩子避免與你談及他生氣的原因，你可以給他提供這樣一個選擇：「如果你不告訴我是什麼讓你感到生氣，而你又必須把憤怒發泄出來，你可以回自己房間，做什麼事都行。例如：去打打枕頭，對著鏡子罵人。這樣有助於你憤怒的發泄。

第三式 告訴孩子：如果他由於心情不好才生氣的，或者是對你有意見，他可以表現出來，或直接告訴你他很生氣。但不能以一種消極、憤怒的方式對待你。生氣是可以的，但如果孩子失去理智地尖叫，你就應該堅決制止。

第四式 如果孩子很頑固，對你以上的方式置之不理，那麼，你進一步的做法是：孩子需要嚴格的約束，而不是隨意發泄情緒。某些孩子需要學會控制自己的情緒，因為他們喜歡把情緒像洪水一樣全部傾泄出來。當孩子繼續發怒時，你可以對他說：「你可以告訴我，你的情緒不好，但是，我不許你對我大喊大叫。如果，每次我叫你去做事時你都不能控制自己，那麼，我將對你採取一定的懲罰措施，希望你能改變一下自己的行為。」

你的態度表明你對此事絕不會含糊，你會逐漸地增加對孩子對孩子的懲罰方式，讓他明白胡亂對你發火是會得不償失的。這種「刑法」必須貫徹，直到他學會控制自己為止。

第 78 招

化解孩子的消極心態

孩子的消極情緒，如氣憤、不安和冷漠都是不正常的思維和觀念所引起的。假若一個孩子認為自己很壞、沒價值、無希望，那他就會感到悲傷和沮喪。如果孩子認為他考試失敗了是因為他笨，而不是由於學習方法不對，或者他是沒有好好努力的原因，那麼他也可能變得灰心喪氣。孩子們不合理的心態和信念是表現為思想上概念化。例如，一有失誤就以為意味著笨：要麼都是朋友，要麼都是仇敵。不是向左就是向右，沒有中間路線。

當你通過仔細的分析調查，了解到孩子們的這些消極情緒後，你該做些什麼呢？父母可以把孩子們輕聲告訴他們的思想，有意識地公開說出來，以幫助他們轉變不合理的信念。例如：一個過分膽小怕事的孩子，容易無故發火、嫉妒，多餘的敏感以及特別容易受刺激，對待這類孩子，必須是心平氣和，親切友好，而不能採用威脅、懲罰、恐嚇之類的辦法。當他們出現惱怒、憤恨或恐懼的情緒時，最好的辦法是採取幾分幽默詼諧的態度，既能緩和緊張的氣氛，又不會傷害孩子的自尊心。為了幫助孩子能儘快地克服這些消極的思想情緒，你可以試試下面幾種方式。

第一式 假如你的孩子既認真聽了課，也花了許多時間補了習，而結果成績仍不能進步，使他陷入深深的愧疚之中，這時的你，就應該幫助孩子。第一要丟下包袱，告訴他：「我們不會因為你得不了滿分而看不起你，你已經夠努力的了。」第二要幫孩子找出問題的根源。孩子一旦受到父母積極的鼓勵，他也會從消極的情緒中解脫出來，他知道自己並不很笨，他有可能趕上去。所有這一切，都需要父母的全力支持與幫助。

第一式 當孩子認為自己很壞、沒價值時，你可以向他指出，他所做的事情是好的，有價值的。你可以向他解釋，即使他從來沒做過什麼好事（至少出發點是好的），你依然愛他，在他身上花費精力是值得的。

第三式 告訴孩子，不要因為一點微小的不足，而影響他整個的一生。例如：一個女孩在遊戲時忘記了自己應該站在哪一行，而責怪自己無能。事實上，這不是什麼了不起的大災難，你的任務是幫助她認識這種事實的存在無處不有，幫助她既預見到在前進中可能受到挫折，又能勇敢地大踏步前進，向她指出沒有人期望她是盡善美的。

第四式 除了克服消極的思想外，你應該努力幫助你的孩子發展積極的思想。積極的思想是以從多方面看問題為基礎的。例如：你看窗外，可以看到部分陰天，也可以看到部分晴天，兩者在客觀上都是同樣存在的。但第一種看法是消極的，可能為生活所擊敗；另一種看法則是積極的，將使生活變得更美好。因此，不要讓孩子每天早起來就想到他將會遇到不好的事情，而是要使他精神飽滿地迎接一個好日子、新開端。樂觀和熱忱將幫助孩子克服各種困難，並使他們的學習或工作成績達到新的高度。當然，積極的方針中最好的辦法，還是父母自己在這方面做出榜樣。

第 79 招

駕馭孩子的「牛脾氣」

孩子自我控制能力較差，容易發脾氣：或者大聲哭叫，或者破口大罵，或者躺倒滾地，或者毀壞物件。如果孩子在朋友面前或在公共場所胡鬧的話，會讓人感到難堪。這時，也許你常會飛快地環視四周，恨不得尋找邊門溜出去；也許你會命令孩子說：「喂！你不要亂來！」或者乞求他、拿東西哄他、嚇唬他，所有這些方法大都只會使他的脾氣發得更大。

四歲以前的幼兒，常會通過發脾氣來表達自己的情感，所以，你要理解這一年齡段的孩子的「脾氣」。他對挫折的忍耐是有限度的，認為每一件東西都應該屬於他，不明白為什麼得不到自己想要的東西。比如，當他已玩得很起勁時，你告訴他或命令他立即回家，他對此毫無準備，當然，他不會馬上停止遊戲，跟你乖乖地回家。他不懂為什麼你要在這個時候喊他回家，他希望你只是說說而已！

如果孩子到四歲或是更大一點仍然常發脾氣，而且有時是攻擊性地發脾氣，那就意味著他還沒有找到一個更好的方式來對待失望和憤怒，有時是因為沒有及早對他的行為給以恰當的限制。

第一式 檢查檢查自己，是否平常也有這樣的作風。常言道：有愛發脾氣的父母，就會有愛發脾氣的孩子。孩子發脾氣時的語言、動作，常常是從父母那裡學來的。如果父母吵架時粗言穢語，發脾氣時摔盤擲杯子，孩子是很容易學會的。父母自身的修養，直接影響著孩子。發脾氣是這樣，其他的事情也是這樣。如果你是一個性格開朗且作風嚴謹的父母，那麼，即使孩子怎樣發脾氣，你都可以明白地用身教的形象來教導孩子。否則，你的工作將是白費心思——徒勞而無功。

第二式 如果孩子在家裡發脾氣，你最好採用「冷靜處理」的方法：先別理他，離開他，等他發了一頓脾氣後，他便會覺得沒趣，自然也會變得安靜些。這時，你可以對他說：「相信你已經知道自己的行為了，希望以後你能努力控制一下自己的壞脾氣，不能隨便這樣對待別人，我想你也不希望別人這樣對你吧？」

第三式 當事情平靜之後，你和孩子和睦相處時，你對他說：「每當你想發脾氣時，你可以進自己的房間，而且，你的心情不好，我可以理解。但當我要你做事的時候，我希望你不要過於激動或憤怒。所以，我們必須一起來認真討論並解決好這個問題。」

第四式 如果這個積極的方法無濟於事，那麼，在他下次發脾氣時，你必須以一種非常熱情而又堅決的口氣對他說：「我總是儘量想幫助你，使你能夠毫無怨言地遵循規則。但從現在起，每當你不能控制自己的時候，我就得把你關進房間，直到你安靜為止。這將教會你如何控制自己。」

第五式 當孩子攻擊性發脾氣時，以上方法還應改變一下。告訴孩子，當他心情不好時，他必須學會用另一種方式來表達自己的情感，而不是發脾氣：亂丟東西，或砸翻東西，謾罵無辜。否則，他將受到比關房間更重的懲罰。

你這麼說了，而孩子仍然我行我素，那你必須讓他知道你是非常認真的，你必須放下手中的工作，實行你的懲罰計畫，讓他知道你說到做到。

在與孩子關係密切的時候，你趁勢以一種堅決而又關切的語調告訴他：你認為他這樣做很不合適，你知道他需要在你的幫助下來約束自己。另外，如果因為他發脾氣而鬧得全家雞犬不寧，那你就告訴他：你不希望過這種不愉快的生活，所以，你要試著改變他的行為。

第六式　如果孩子發脾氣時會破壞東西，那麼你就要從他的零花錢中，分次扣除，讓他賠償他砸壞的東西，告訴他，這是你規定中的一部分。

如果孩子在公共場所發脾氣，你必須立即把他帶離現場，在一個人少的地方，向他重申你對他的規定，直到他肯克制自己，否則大家都回家。如果到了裡面，又故技重演，你就立即回家，並按上述方法去做。重要的是：你要告訴他，你會立即帶他離開他大發脾氣讓你尷尬不安的地方。

這樣，他就會馬上意識到用這種發脾氣的方法是得不到想要的東西的。無論他怎樣大發脾氣，堅持你的原則，才會使他的行為有所收斂。當然，你自己心裡也要有準備，因為執行這些計畫可能會中你正在進行的事，如用餐、購物以及看不成一場電影等。你這樣做就表明：你不會投降，他絕不可能用發脾氣來達到他想要的目的。

第 80 招

打架也是一種發泄

常常聽到做母親的抱怨，他們的孩子三天兩頭地不是吵架，就是打架，簡直叫人一天到晚不得安寧，做父母的也擔心一旦出了什麼意外（或打傷別的孩子，或孩子被他人打傷），後果可嚴重啦！

孩子的「暴行」與成人感情發泄是沒什麼兩樣的，注意到這一點很重要。有時，成人也想打人、罵人、踢人，但他們能理智地控制住自己，知道這是社會所不允許的行為，而孩子卻無法控制，知道偶爾會感到有發泄憤怒和表現消極情緒的需要。問題是我們怎樣處理孩子的這種行為。

在兒童正常發展過程中，一些打架、罵人、踢人的「暴力」行為，只是孩子希望有力量的最初表現，或是對憤怒、痛苦，有時是害怕的一種表達。能認識到這一點是很重要的。

打架的最初原因主要是：當孩子感到極度氣憤時會打架。打架是發泄壓抑的一種方式。在家裡，當家長不允許他按自己的意願行事時，他就有壓抑感，他就會尋找機會打弟弟或妹妹，只有這樣，才能使他暫時得到滿足。另外，如果孩子在家裡時時都能得到滿足，那麼，當他上學或走入社會時，情況就不同了，他會發現其他人並不能像父母那樣滿足他，因而感到灰心，如此便有可能以打架來發泄內心的不滿。

每個人都有憤怒的情緒，所以應該理解孩子也會想把這些情緒發泄出來，這在他的成長過程中是正常的。另外，你對他的行為所抱的態度也是一個很重要的問題。在這裡，想讓大家看看幾個國家的不同看法和對策（當然是代表絕大多數父母的態度）。在美國，有些父母讓孩子像拍西部片一般，自由地打架，這是一種出自實力社會的觀點。而法國人，對於孩子的吵架，完全保持緘默，但是，如果孩子開始動手打架，就會出面干涉，告訴孩子見能用吵架來解決問題，這是法國人凡事講求道理的特色。但是，在日本，做父母的認為吵架會破壞孩子的群體，握手言和才是正途，嚴格禁止孩子打架。當然在此我們並不是在討論對待孩子打架的態度，而是堅決而清楚地告訴孩子，這是社會所不容許的行為。如果這種行為是偶然發生的，對他來說並不算罪過。你必須幫助他採取其他方式來處理這個問題。你的態度一定要明確，讓他知道打架是不受歡迎的，而且沒有任何證據表明，必須通過暴力和破壞來表達你的憤怒或不滿情緒。當你已按以上建議去做而孩子的打架行為仍然未改，那麼，你再試試以下幾個方式。

第一式　當孩子打了妹妹後，你不要問：「為什麼打妹妹？」而應該先了解孩子的真正原由，如果你說：「不管你和妹妹發生怎樣的事情，也不應該打她，打人是不對的，這解決不了問題。」孩子可能希望為自己的行為找一個藉口或理由。他會說，由於和同學吵架，所以拿妹妹出氣。這時，向孩子表示理解他的心情可能管用。「跟你的好朋友發生吵架是很不愉快的，是嗎？」諸如此類的話有助於讓孩子知道你了解他。這樣不是說你要求孩子不再做錯事的態度軟化了來。實際上，重要的是重申，即使心情不愉快也不准拿妹妹出氣。

第二式 告訴孩子：「我因為你打了妹妹而對你發脾氣了，這一點我很清楚。我現在打算換一種方法來幫助你解決這個問題。你不能再這樣打她了，我知道讓你這麼做有困難，因為當你感到煩惱時，心裡好像發瘋了，但是，無論如何你必須遵守我訂的新規則，而不要去打架。」這一式很適合你在第一式中沒有成功時使用。

第三式 對他說：「如果你感到受委屈或不滿，就來告訴我，我可以讓他用其他的方式來解決，而不是打人。你可以大喊大叫或打枕頭、並告訴我們是什麼事讓你感到這麼不安。每當你感到憤怒的時候，我希望你想一想，找一個不打架就能把你的憤怒情緒發泄出來的方法。例如，去跑步或打球這樣，你就可以控制自己而不去打架了。

第四式 如果孩子仍不能控制自己，那就告訴他：「再這樣下去，我就不得不懲罰你，你每打一次架，就減少一次你遊玩的時間，直到你學會控制自己為止。但如果我看到你有努力改善，並有了一點好的起色，我就不會減少你玩的時間了，因為我看到你的確在努力。」你的態度要熱情而堅定，這樣，會使孩子更容易地以不同的方式去控制自己，你也要告訴他，你知道他已在努力約束自己，而給予一定的表揚和獎勵也是應該的。

第 81 招

攀登克服恐懼的階梯

隨著兒童的發育成長，恐懼感不是消失，而是改變形式，轉換對象，加上通過各種傳播媒介得到的大量信息，孩子們也許比以前更多地感受到可能降臨到他們身上的災難了。大多數父母希望能夠避免孩子看到可怕的事情。幼時曾經使孩子害怕的東西，現在已不能使他害怕了：「哎喲，我們的孩子小的時候可害怕吸塵器啦，我們一開動，他就尖聲大叫，跑到別的房間，躲進衣櫃裡。可現在，不但會自己接通電源，還要求我們准許他操作。」

現在的6～12歲這個年齡段的孩子，常常對自然災害或者親友長輩去世感到恐懼，再加上對意外事故發生的恐懼，要幫助他們避免對這些問題感到不知所措，我們還有很多工作要做呢！首先，兒童感受到恐懼的情感，不是「無關緊要」的，當孩子啼哭、執拗，如果感情衝動起來，那就得想一想，原因到底是什麼要知道，兒童若經常感到恐懼，尤其是由懲罰引起的恐懼，會逐漸地、神不知鬼不覺地像癌細胞那樣「擴散」，束縛兒童的主動性和意志力，限制他的自由，挫傷他的獨立性和自信心。強烈的恐懼感永久地留在兒童心理上，使他不僅在現實中，而且在想像中都會突然感到驚恐萬狀。因此，所有的使孩子感到恐懼的外在原因，我們都要努力消除。我們的任務是幫助孩子發展一種可以自我保護的健康的心理素質，通過幫助他們感受較為恐懼的事件，以及教給他們一些保障自己安全的措施，我們便能夠做到這一點。

第一式 當孩子在與同齡人、親人、相識的人、陌生的人交往時，體驗到各種各樣的情感：快樂、委屈、憤怒、恐懼、悲哀等等，其中有的瞬息即逝，有的卻在他的心理上深深札根，恐懼的感情尤其是這樣。因此，當你得知孩子有恐懼感時，你就必須進一步了解孩子害怕的是哪類事情，告訴他你想幫助他克服那些憂慮，要他無論何時，一感到害怕就來告訴你。讓他相信，你是可以幫助他消除這些顧慮的。

第二式 為了防止孩子的神經受到傷害，要儘量平靜地對待一切可能驚嚇孩子的意外事件，向孩子解釋說，事情並不可怕，不要嚇唬孩子，要儘量滿足以平靜的方式提出來的合理要求。告訴孩子：「任何時候，我都會很樂意地與你談論這些問題，希望你不必為此感到擔憂或不好意思。」

第三式 規定一個時間（大約一個月一次吧），和孩子做一次專門的談話。要讓孩子明白，你隨時可以和他談論這個問題。當然，並不是要給他灌入頭腦中原本沒有的觀念，而是就事論事，讓孩子明白，你知道他可能會擔憂，你很關心他的情緒。

第四式 當你向孩子描述引起恐懼的情況時，一定要記住讓他放輕鬆一些。你需要給他提供一些使他感到快樂的東西，如糖果或其他獎賞，並給他以不斷的支持，你可以對他說：「我在這兒。這裡沒有什麼東西會傷害你。」或讓他做做深呼吸和放鬆肌肉的運動。

第五式 前面說過，教給孩子一些保障自己安全的措施，是很重要的一步。當孩子因為某事仍然不能擺脫恐懼時，你可以告訴他：「當你感到害怕時，記住我教你的方法。現在明白了吧，你是可以自己幫助自己消除恐懼的。」如果孩子在下一次恐懼出現時忘記了你教他的方法，就對他說：「我再對你講一遍，因為我認為這可以幫助你消除恐懼。我希望你能記牢，因為它會對你所有幫助的。」抓住這個好時機，與孩子談論一下在他心目中給他安全感的人，和那些會讓他驚恐的對象。

第六式 攀登克服恐懼的階梯是一級比一級困難的。如果你肯定孩子對目前的這一級不覺得害怕，那你就必須繼續向更高的階梯邁進。假使在減少你的孩子害怕的敏感度的過程中，他在某一個特殊階段表現出很大的恐懼與不安，那麼，你必須回到以前的階梯上去。這表示你走得太快了。值得我們注意的是：特別強烈的長時間的恐懼，是需要耐心地採取很多步驟，經過較長時間才能克服的。有時候需要半年或更長的時間，才能改變一種根深柢固的恐懼情緒。

第 82 招

培養孩子的危險意識

還有一個問題，對孩子來說也是至關重要的，那就是，家長應經常提醒和教育孩子，增強覺察危險事物的能力，培養識別危險事物的敏銳感。

現在，好多家長往往不留心孩子周圍的事物，可以說是不講規矩，也可以說是對孩子漠不關心，而且這種情況已形成一種惡習。這豈不是就像讓孩子整天抱著定時炸彈而生活嗎？孩子周圍的危險因素簡直不勝枚舉，家長對此卻視而不見。

高壓電線通過的地方很危險，火藥工廠以及某些化學工廠等也很危險。那裡，一般都有「嚴禁吸菸」的標誌，但在有些危房危牆以及其他危險建築物附近，卻很少有「此處危險，嚴禁攀爬」的標誌。

做家長的以及警察和老師，甚至一般過路人，都應隨時對小孩加強管教，使孩子本能地，敏銳地覺察出自己所玩的地方是安全還是危險。

第一式 告訴孩子哪些東西，哪些地方是危險的，應當避免接觸。在生活中（電視中）看到的危險境頭，馬上給予孩子做好機會教育，並強調為什麼會發生這種事，以及應如何避免與防範未然。

家長不可能每時每刻跟在孩子後面，提醒他哪些東西危險不能碰，哪些地方危險不能去，但是，家長至少可以告訴孩子哪些是常見的危險品，哪裡是常見的危險區，讓他們知道危險來自何方。除此之外，父母還應告訴孩子如何自我判斷什麼是危險的事物。比如：什麼東西可能引起爆炸，什麼東西可能引發火災，什麼地方可能會讓人失足落水，什麼東西可能會倒塌壓人等等。

在日本富士山的一所小學，人們曾在盛放垃圾的塑料大桶內發現了一具小孩的屍體。據分析，可能是這個淘氣的孩子鑽到垃圾桶裡玩，後因別人無意中把桶蓋蓋上窒息而死。孩子往往沒有意識危險的能力，這對孩子的安全來說，是最可怕的一個弱點。在日本長野還發生過一起因水泥門柱倒塌而壓死孩子的不幸事故。本來，門柱之間是用鐵鏈圍著的，但很多孩子爬到鐵鏈上玩，結果，因為重力，拉倒了門柱，致使那個孩子不幸喪生了。

還經常聽到這樣的怪事：美國有的孩子鑽到扔掉的廢紙箱中玩而被卡車壓死，有的孩子鑽進冷凍庫結果因打不開蓋子而被凍死，有的孩子用腳去試薄冰，結果掉進冰窟而……總之，無謂喪生的事故屢見不鮮。希望家長們一定要加以重視。

第二式　交通事故也是威脅孩子安全的一大隱憂。隨著公共事業的發達，交通越來越擁擠，交通事故有增無減，喪身車輪之下的兒童也比以前增加了。這除了交通管理方面的問題之外，父母對孩子的教育失誤也是原因之一。大人們闖紅燈，橫路搶道、騎車載人的現象比比皆是，孩子們從大人那裡學到的不是交通規則，而是如何違章。

第三式　在您家裡有沒有危險品呢？回答是肯定的。在家庭中，經常發現孩子因誤吃了感冒藥而死亡的事故。還有，母親在廚房做完飯，把洗乾淨的菜刀刀刃朝上放置，孩子拿刀時不小心把手割傷了。報紙上還可以看到許多這樣的報導：孩子在陽台上登著椅子往外觀望，卻不慎從陽台上跌落下來；還有某某家瓦斯爆炸，孩子被一級燙傷急救中等等。

為了孩子的健康成長，父母應該檢查一下你的周圍是不是存在威脅孩子安全的隱患。當然，最重要的還是要培養孩子對危險物品的敏感性以及識別危險物的能力。

第 83 招

當孩子們的調停人

忙於工作和家務的父母，常常在發生衝突的時候，才去過問孩子之間的關係？影響他們關係的是什麼？父母想到這些問題往往是在家裡的平靜氣氛遭到破壞的時候，特別是某一個孩子老是欺負兄弟姊妹時。

作為家長，你可能常常會不情願地捲入孩子們的這場爭吵中。也許你會自問：「我何苦呢？」你會不停地大喊：「你們如果還要打架，我會把你們都趕出去！」你也會為他們的爭吵氣得發瘋。說這些話暫時可以紓解你面對的僵局，但卻不會使孩子變得更好些。

孩子們為什麼不停地鬥嘴、互不相容呢？孩子們一會兒恨著對方，一會兒又彼此喜歡。這複雜的情感是他們成長過程中的自然組成部分，沒有什麼好奇怪的。

當孩子們你一句、我一句爭吵時，他們從中也學到了不少東西。他們在協商某件事時，也從中學會了把握社會關係，他們也體驗到了失敗與勝利的感覺。令人驚訝的是，他們有時甚至學會怎樣彼此合作。

兄弟姊妹對於孩子精神世界的發展有很大的影響，這種影響多數情況下是積極的。聽到孩子們爭吵、叫罵，你肯定難以相信他們真正學到了什麼。你在考慮調整兄弟姊妹之間關係的時候，你的工作就是幫助孩子們講明發生了什麼事，幫助孩子們積累豐富的社會經驗，這種經驗有利於培養孩子適應生活的能力。如果你觀察得更仔細些，便會發現孩子從爭吵中、叫罵中學到了這些東西。

第一式 要知道什麼時候他們的爭吵「出格」了。「出格」就是指超過三分鐘，甚至動起手來。如果你觀察孩子們爭吵，便會發現這樣一個過程，要麼這一個，要麼那一個馬上就會屈服，一個噘著嘴，一個會說：「我再也不跟你玩了！」但是幾分鐘之後，他們又玩在一起了，甚至還津津有味地大笑起來。遇到這種情況，你沒有必要過多地參與孩子們的爭吵之中，這沒什麼了不得的。

若爭執超過三分鐘，雙方的音量越來越大，甚至還有一方挨了揍，你就必須立即制止他們，告訴他們，他們過頭了。一旦他們控制住自己，你就幫助他們解決這場爭鬥。孩子們可能會對你的介入立刻做出反應，他們會說你不公平或者說你好。告訴他們你唯一關心的是他們沒能控制自己的行為。把這一點講清楚後，不要再提其他的問題，也不要護著一方而指責另一方，對他們再說一遍，如果他們想在一起玩，就必須學會控制自己。

第二式 如果他們還不能控制，你就必須把他們分開。當孩子們吵嘴時，百分九十的時間，你是不可能做一個偵查員以查明誰是誰非，因此，你必須對他們進行單獨的詢問和教育，對稍大一點的孩子，你要讓他認清自己的地位與職責，更要學會忍讓與遷就，如果他能以友好、關心的態度對待弟妹，那就什麼事也沒有了。

另一方面，對稍小一點的孩子，你也不能因溺愛而放縱，要告訴他：和哥哥（或姊姊）發生這樣的爭鬥，我很難過，我不希望你總是喜歡和他爭吵，最後吃虧的還是你。然後再向他講明，哥哥（或姊姊）已經承認了自己的錯誤，他願意和你和好，你不會再生他的氣了吧！解決好這一爭鬥，真正的問題還得讓孩子學會控制自己以及怎樣和平相處，萬不得已，你才需要出面調和。

第三式 如果孩子們沒有立刻和好，你也要保持冷靜，並給他們充足的時間來考慮發生衝突的利害與後果。如果他們不按你的願望去做，就給以懲罰。要用強調的語氣告訴他們，你不會偏向任何一方，只希望他們在一起玩而不爭吵，否則，他們就各玩各的，互不干涉。

讓孩子們知道你有一套對付他們爭吵的辦法。他們一旦明白你是不會捲入他們的爭吵之中，並被他們利用時，他們就該考慮改進自己的行為了。

第 84 招

何如對孩子發火

憤怒是情緒發泄的一種方式，例如：一個人咬牙切齒、全身緊張發抖、大喊大叫，表明此人正在發怒。

憤怒像普通感冒，是一個反覆出現的問題，我們可能不喜歡它，但卻又不能阻止它的出現。憤怒是在預先知道後果和情況時引起的，但總好像很突然和沒料到似的。

也許從沒有誰告訴過我們怎樣作為生活中的一個事實來處理憤怒。我們對憤怒感到內疚，感到把它表示出來是不道德的，我們相信憤怒是不好的表現。

對自己的孩子，父母都會試圖忍耐些，事實上，不管怎樣忍耐遲早還是會爆發的。父母們害怕他們的憤怒會傷害孩子，因此儘量忍著，像潛水屏住呼吸一樣。但無論如何，忍耐是有限度的。

對父母來說，憤怒是一種代價很高的情緒。要使它值得的話，我們不得不反思一下。憤怒不應該用來增強我們的表達能力，正如藥劑雖苦但卻能治癒疾病，憤怒應該給父母帶來某些安慰，給孩子帶來某些觸動。因之父母們不應該經常在孩子面前嚷嚷，否則，只會使孩子更加調皮，並且使你更加生氣。

事實上，在兒童教育中，父母的憤怒也有它的一席之地。在某些時刻不對孩子生氣，帶給孩子的反而是冷漠，而不是善良。無論你如何注意，總不能完全避免生氣。這意思不是說孩子能忍受像洪水一般的憤怒和粗暴，而僅僅是說他們能忍受和了解憤怒。這就是說，你的忍耐是有限度的。

為了處理好憤怒，在和平時期使你自己有所準備以應付緊張的時刻，你就必須認識以下道理：（一）你要接受孩子會使你生氣的事實；（二）你有權利對你的生氣不感到內疚或羞愧；（三）倘若你能不傷害孩子的個性特徵的話，你有權利對他們表示你的憤怒。

第一式 大聲叫出他的名字來，給他一個警告，使他有所警惕或改正過來。一般說來，幼小的孩子常常是會被父母的大聲喊叫所鎮住的，但這僅僅是一會兒的制止。絕大多數孩子是不會因這句簡短的話語和拉長了的臉，而停止他們的騷亂的。那麼，第二式必須儘快出現。

第二式 可以增加表示你生氣的強度。告訴孩子你對他們的行為實在是「感到很生氣」或者「我真會被你們氣瘋的！」有時候僅僅這些話（沒有解釋）就能制止孩子的調皮，不然的話，你將有更嚴厲的批評。

第三式 講出你生氣的理由，以及你內心的反應和所希望的行為。你可以說：「當我看到鞋子、襪子、襯衫和毛衣攤滿了一地時，就生氣極了。我想打開窗子把所有這些亂七八糟的東西扔到大街上去。」或者「你打了你的弟弟我很生氣！我不許你傷害弟弟。」

這種方式使父母的憤怒有一個出路；而不至於引起什麼損害。正相反，這甚至可能說明一個重要的教訓：如何安全地表示憤怒。孩子可能知道你的憤怒不是什麼災難性的。可以發放一通，而不傷害任何人。這教訓比你的憤怒更重要。

第四式 當以上的方式都不能奏效時，你可以在你即將發出憤怒的情緒時，努力克制憤怒的出現。當孩子看到你這比憤怒更憤怒的表情時，他會意識到自己的行為，已經大大殤害了你的心，他會感到內疚、羞愧。當然，有時候他不會馬上停止他的不良行為，但至少他已經有了悔改的意識，這就相當不錯了，也許下次他就不會這樣了。

第 85 招

多些爭論，少些爭吵

教你的孩子一個極其寶貴的技巧，是如何有條有理地去爭論或討論，有效地解決小朋友之間的衝突，而不是去爭吵。

爭論不像爭吵那樣帶有強烈的敵意和不滿。發生衝突，是由於對具體的問題或事件，兩人之間有了分歧，雙方都感到不滿，而且必須設法解決。心平氣和地解決衝突，是對問題進行平靜的、合理的討論，即著重在解決問題，而不是批評或攻擊個人。雙方應重點解釋什麼是不符合他們的要求的，並要尊重別人的要求和看法。交談的意圖不應該是損害、責備別人，或是為了自己贏得勝利，而是要了解和共同尋找一個公正的解決辦法。

教育孩子應該有合作的精神，要彼此承擔責任或承認缺點，並互相信任，不要動氣和責備。假如每一方的態度都是虛心的，開誠布公的，衝突就有可能解決。

孩子互相爭吵起來時，可能需要你承擔公斷人或調解人的任務，以下的方式，可以協助你去幫助孩子，特別是幫助較大的孩子，解決他們之間的分歧。

第一式 當孩子們的衝突出現時，你必須要求每個孩子簡單地陳述自己的觀點，和說明自己有什麼要求未能得到滿足。應讓該訓練孩子們陳述事端時不能激動，而是要平心靜氣地把事情講明白。這是解決衝突的首要步驟。

運用時機合適與否是很重要的。即雙方都是平心靜氣，不急躁的時候，要儘可能地教導孩子解決衝突。不要讓孩子帶著不滿的情緒度過幾個星期，甚至幾個月。

你用這種態度解決衝突時，需要向孩子指出，你對他們用經過深思熟慮的、合理的態度解決個人之間的問題的能力是尊重的、有信心的。

第二式 幫助孩子注意他們之間有什麼看法一致的地方。當孩子們在一起因踢足球而撞傷對方發生衝突時，你可以利用他們之間曾經友好合作的事例，幫助孩子認識到他們長期合作的友誼，並不能因為誰受了傷害（不是故意的），而把過去的情分一掃光而光。

第三式 讓雙方提供解決衝突的嘗試性的辦法，並將它們列出來。這是解決衝突過程中的具有關鍵性的一個方法。利用協商也是一種方法，這是依靠發現兩方面都能接受的共同點，通過協商，雙方同意放棄自己的一些要求，做出讓步的一種方法。運用協商的辦法解決分歧，對十幾歲的孩子是特別適合的一種技巧，因為它是利用說理而不是訴諸權力。

第四式 解決衝突，需要控制情緒，焦點是要尋找解決問題的辦法，而不是互相挑毛病，目的是雙方都能滿意，而不是一方壓倒另一方。這是需要仔細考慮的一種技巧。為了不進行一場各人都想說服對方，他是對的，而別人是不對的戰鬥，你必須培養孩子互相信任，互相關心的精神。使這一技巧獲得成功。

第五式 利用以上方法，基本上應能圓滿解決雙方的衝突。但還有一點值得注意的是，分歧總是在表揚的背景上獲得較好的解決的。一定要權衡你們和孩子意見異同之處，尤其是你們喜歡孩子做的事情，與孩子所要做的事情之間的分歧。如果一方或雙方情緒不穩定時，切不要試圖去解決問題。允許有一段「冷卻」時間，讓雙方仔細考慮一下。

第86招

多些談話，少些訓誡

不是所有的父母都能經常地與子女談心。雖然，他們也都知道和孩子定期交談，是一種行之有效的教育的手段，但不知什麼原因，父子之間要進行一次成功而有效的談話，卻是那樣的難得。

有時候，父母和子女交談，希望孩子做些嚴肅的事情，啟發他進行思考，但做兒子的卻只用一兩個詞支吾過去，或者乾脆改變話題，東拉西扯、言不及意，或者就是沉默以對不想說話。有時父母還會發現，他們的孩子在看待世界、生活，看待自己和自己的行為的時候，不善於思考，只注意眼前發生的事情，只忙著做自己的事，只顧自己快樂，而不大理會父母提出的意見、評價和問題。

可是，在很不恰當的時候，孩子又會突然提出某種看法或問題，常常使父母吃驚，而且深感不安。孩子一旦產生了願望，他就想跟父母談談自己的思想，疑惑和問題，不管你是否有時間，也不管你是否能給他滿意的回答。

父母怎麼總是沒時間跟孩子談話？總是有工作、有任務要完成？孩子特別需要同你談談心、討論問題的時候，你卻往往不在家。另外一種情況是，父母有時候同孩子長時間地盡情地談話，甚至嘮嘮叨叨，非常激動，但談話雙方卻毫無親密無間的特點。父母同子女之間親密無間的關係應該有助於相互了解，對雙方都產生良好的影響。

無論你多麼忙，抽出時間與孩子談話，絕不會比你教訓孩子的時間要多，而且效果也會更好些。

第一式 安排一個固定時間，兩星期一次或一個月一次與孩子談話。談話必須是在平和的氣氛下進行。孩子一般都能接受有一定規律的安排，在這個時間裡，他會向你吐露心中的秘密或者他對你的看法。至少，他會有話對你說。

父母的職責就是鼓勵孩子，激發孩子談話的願望，讓他相信自己的親人。每一次同孩子在一起，父母的教育經驗都會變得更深刻而豐富。

第二式 同孩子談話是一種親密的接觸，可以交流思想，見解和感情，提供研究孩子的良好條件。對孩子來說，通過談話，孩子可以了解父母的所有觀點、信仰、願望、理想、要求等等。但是，父母們常常喜歡犯的一個錯誤；喜歡長時間地訓誡孩子，接觸時總是父母先說，孩子只能是注意傾聽，父母以為話說得越多，教育作用就越大。事實上，既然這些清規戒律，當然對他們也不會產生多大的影響。於是，這樣的談話也就沒多大價值了。

第三式 應該耐心地、安靜地聽孩子講話，不要老去插話。只有這樣，談話才符合心理學的原則。進行這樣的談話父母要有目的地了解孩子對各種問題的看法和觀點。對於父母來說，採取這種態度而且長期堅持下去，看來簡單，其實很不容易。因此，父母必須作好充分的心理準備，堅持下去，才是你明智的選擇。

第四式 跟年齡不同的孩子談話，其話題各不相同。孩子小，可以向他講他的娃娃或小熊，11～12 歲的孩子，可以和他們聊一聊足球、NBA；17～18 歲的青年會簡要地透露他對同年級的哪個女同學產生了好感。用來跟孩子談話的時間從來都不會白費。每天都需要找出哪怕不多的時間聽聽孩子的聲音，幫助他分析他的疑惑和問題。做父母的要盡力創造一種充滿真誠和信任的家庭氣氛，使大家都能有條件地傾吐各自的感受。

第 87 招

視若無睹的教子方法——不理睬

故作視若無睹不理睬的教子方式，實在是一種簡便，有效的教子技巧。因為孩子的有些行為不是真正的幼稚無知，而是能夠控制的不成熟的行為，如果你常常為孩子的這種討厭行為而批評他，反而會使它得到強化。批評一種行為，引起孩子注意，這是你的意願，而對有些孩子來說，父母的任何形式的注意——甚至是不愉快的注意——都能使他們討厭的行為得到強化作用。

不理不睬，即是在孩子不合適的行為發生時，例如：嘀嘀咕咕、吵架、發脾氣、哭叫等，父母故意不去注意（在言語和行動上）。這是減弱他們這種行為的一種有效方法。這意思是說要「絕對的不注意」，即不看孩子，或者不以任何態度表示你知道那種行為存在。最初孩子不規矩的行為可能增多、增強、努力迫使你去注意他。假若你堅持不理他的話，孩子將會很快地意識到你對他的難以承認的行為，是不喜歡的，也不會給予任何滿足的。

不理不睬，是消除孩子不良行為的一種有效的方法。這不僅需要具有很大的耐心，而且需要堅強的意志，因為你對不大喜歡的行為，是很難做到不理睬的。通常，對孩子不規矩的行為，你會大喊大叫，甚至以打的形式來達到使孩子改變行為的目的。例如，你對一個正在為冰淇淋的事而哭的孩子說：

「你怎麼就知道哭，煩死我了。」五分鐘後，他仍在哭，你會說：「看你這樣子，簡直會氣死我。」如果孩子仍不能停止哭，你也許想像不到，他這時可能不是在為冰淇淋哭，而是在想：我沒完沒了地哭，就是要看看你是不是會氣死。

如果你的確希望孩子能改變那種不規矩的行為，那麼，自始至終保持沉默當然是最好的教育方法。

第一式 不理睬那種安全的可以寬容的行為，即不理睬那種對孩子和別人都沒有危險的行為，如孩子發脾氣、哭叫、在地上翻滾、不吃飯（一頓飯不吃是餓不死的），不睡午覺等等，對於不會傷害到任何人的行為，你都可以保持沉默，採取不理睬的態度。

第二式 你一定要真正地做到不理睬，直到最後，既不對孩子讓步也不處罰他。孩子哭了或發脾氣了，你必須百分之百不理睬他的這種行為，無論它持續多久。如果由於你以前對孩子的注意，已經助長了他的這種行為，而現在想堅決改變這種做法的話，只要你始終堅持，可以在停止哭鬧之後告訴他，你現在的規則中新加了這條，讓他知道在以後的這些行為發生時，你會堅持的，無論怎樣也改變不了。你也會看到他的行為的持續時間和次數，都正在逐漸穩步減少。最後，這種情緒可能完全消失。

第三式 如果家裡的別人助長孩子的錯誤行為，例如，祖父母替他求情，兄弟姊妹對他表示同情，你也有必要說服他們。誠懇地向他們表示你的意願，希望他們能配合你。

第四式 假若孩子的錯誤行為真的開始使你惱火，你必須走到另外一間屋裡去，繼續不理睬他。否則，你對孩子的

「治療方法」將會前功盡棄。

第五式 記住，要表揚孩子令人喜歡的行為。當你對孩子不規矩的行為到了不能再忍耐的地步，你可以用一種積極的方法去轉移他的注意力。例如：「來，別哭了（別生氣了），把臉洗一洗，我們打球去吧，你的羽毛球可比你爸打得好。」或「你是不是可以幫媽媽晾衣服嗎？」

如果你能恰到好處地運用以上的方式，你會很快發現，孩子的行為也將會越來越使你感到滿意和高興。

第 88 招

最討人喜歡的教子方法——安慰

相對而言，孩子們不僅是體弱而且是感情脆弱的，有時他們十分焦急、恐懼和痛苦。在這個時候，需要父母安慰和消除他們的疑慮。父母必須施展使人愉快、淡定下來並富有同情心的技巧。

例如，孩子生了病、受了小傷，渴望家長同情他、安慰他。孩子睡覺時害怕妖怪，母親可以坐在床邊給予安慰，直至孩子入睡。還可以用表達真實思想的方法消除疑慮，比如說：「實際上並沒有妖怪，妖怪是假的。我們不必去想它。你想想生活中快樂的事，就會把它趕走。媽媽和爸爸在這裡保護你，保證沒有東西會傷害你。」

當孩子需要同情和安慰時，父母應該滿足孩子的這種需求，有的家長擔心這種同情和安慰會使孩子變得嬌氣，其實，這種擔心是沒有必要的，同情和安慰是家長和孩子情感交流的一種正常手段，倘若使用得好，不僅能使孩子在心理上得到極大的滿足，還可以增進父母與孩子的感情。

安慰的目的是使孩子心理或身體所受的痛苦減輕並平靜下來。告訴你一些具體的措施，幫助你能更好地指導孩子。

第一式 用特殊的照顧、關注甚至嬌慣來補償孩子的痛苦，只能在某些特殊情況下使用，而且絕不能濫用。多表達熱愛的感情、給孩子提供新玩具、看新奇的東西、聽有趣的故事，或以其他物品補償孩子的痛苦以及分散他的注意等辦法，則是可以經常採用的方法。另外和他一起做些有趣的活動，如遊戲、到戶外走走等，也是一種安慰的手段。

第二式 父母要鎮靜自若，表現出一副無所謂的樣子，減輕恐懼心理，使孩子變得勇敢堅強。讓孩子正確地對待痛苦，向他解釋痛苦只是暫時的，許多人也經歷過類似的痛苦。如有可能，敘述你類似的經歷，以及你是怎樣克服痛苦的。許多父母利用這些機會告訴孩子：痛苦是生活中所難免的，要怎樣更好地迎接、承受痛苦，則是衡量一個人膽量和勇氣的表現。

第三式 幫助孩子消除委屈心理，克服埋怨情緒。孩子生了病，受了傷或者受了驚嚇、委屈、都容易產生委屈心理和抱怨情緒，進而引起感情衝動，有的甚至哭個不停。父母要鼓勵孩子正確對待生活中的挫折，勇敢頑強戰勝病痛，把挫折變成鍛鍊毅力的機會。

第四式 讓孩子知道他不是一個人在苦惱，父母對他的痛苦是關切的。要同情和理解孩子的痛苦過程，不可低估或者縮小，而要承認和關心他內心的感受。告訴孩子，你對他的痛苦很難過，他的痛苦同樣使你痛苦。儘可能用各種方法安慰和幫助孩子，例如，可以抱住他或輕輕地拍拍他。為了獲得同情，孩子和成人都願意表露他們情感上的創傷。在痛苦的時候，請求安慰和援助是帶有普遍性的。我們應該成為慷慨的同情者，這是愛孩子的一種重要方式。

學會用你的手去撫慰他，用你的胳膊保護他，並把孩子抱在膝上使他平靜下來。有時可以摟抱著孩子，並用消除疑慮的話使他恢復平靜。這種要求，所有的人，甚至堅強和自信的男人都會有。當人們因痛苦、軟弱或失去信心而感到苦惱時，最需要安慰。所以，有時可用安慰哄孩子，但不要讓孩子感覺這是軟弱的表現。比如，孩子的狗被汽車撞了，你一定要把孩子抱起來，同時表示對這一不幸的事故很難過，並鼓勵孩子哭出來，讓孩子靠著你一會兒，直到他恢復鎮靜。這是安慰孩子的一種最具效果的方式。

第 89 招

明智而瀟灑的教子方法——寬容

寬容的本質是承認孩子，作為一個人，有各種各樣的感情和願望等合法權利。願望的自由是絕對的，不受約束的。一切感情和幻想，一切思想和願望，一切夢想和慾望，不管內容如何，都是得到承認和受到尊重的，允許通過適當的象徵性的方法表達。破壞性的行為則是不被允許的，當他發生時，父母要干預和使它改正過來，或者通過言語和其他象徵性渠道發泄出來。容許的象徵性發泄行為。例如，在河邊投石子，對著大河罵幾聲「王八蛋」、「混蛋」、寫滿一大張罵人的話（寫好之後要讀一遍，然後撕掉）等。而超越寬容界限的則是不良的行為，如已達傷害他人的行為，使某人受了傷等等。總之，無論是寬容界限內的，還是界限以外的，做父母都必須瞭如指掌。

孩子的某些行為是你必須預料到和寬容的，如：走進泥潭裡去玩、在體育遊戲中喊叫、在玩耍時把地板弄髒、玩耍之後衣服骯髒、粗心、健忘和反應慢半拍。這些行為會使父母們不高興，但你必須欣然地忍耐而不加斥責，但不要暗示你贊成這些行為或希望它們長久地保持下去。也不要允許孩子們想做什麼就做什麼，而不顧別人。

寬容雖可帶來信心和增強表達思想感情的能力，但過分寬容則會帶來不安和增添不能同意的特殊要求。

孩子在表達感情的方法與成人是有所不同的。例如，一個孩子，常常都會無故地對父母發脾氣，如果你允許你的孩子自由地表達和公開表示這些帶敵意的感情，它們很快就會消失。如果他對你有氣或不滿的感情不容許在家裡表達，那麼這種感情就會集結在孩子心中，孩子就會尋找另一些方式來發泄（如果在外頭，反而危險）。

當你面對孩子這種種的行為和感情的表露，你的寬容和忍耐將不至於使你失去原則而教子無方吧！

第一式 當孩子的行為大大超出了你寬容的界限時，你必須加以限制，而不是一味姑息遷就。比如，當你三歲的小男孩，老是要扯住小貓的尾巴，你可以說：「這樣的話貓咪會痛痛，你也不喜歡痛痛吧。」

第二式 承認孩子有權對你表達他的消極感情（包括不安的恐懼情緒），並不意味著你要寬容或贊成這些感情。這不過是表示，你承認這樣感情在正常的家庭生活過程中是存在的，同時你相信坦率的交談將會促進相互的了解。

第三式 忍耐氣憤的感情或消極的反應的程度，當然是根據父母的個人信念，價值觀和安全感而有所不同。一般有教養，懂得教子心理的家長，在某種程度是能忍耐孩子這種感情表達方式的，「當你把我關在家裡時，使我非常生氣。」或「爸爸，當你打我屁股時，我感到十分的害怕。」甚至當孩子罵他們：「我恨你，我希望你死」時，也若無其事。當然，絕大部分的孩子，不可能希望自己的父母離開他們，如果你不能寬容或忍耐孩子這種感情的發泄（並不是真的那麼想），而想去自殺，這樣你未必也太狹隘了吧！

第四式 當孩子在你臥室牆上心不在焉地亂畫時，你最初的反應是想揍他一頓。但是他的樣子看起來很害怕，使得你下不了手，這時，你想到了寬容，孩子並不是要故意與你作對，如果你對他說：「不行，牆是不能畫的，紙才是作畫的東西。你看，這兒有三張紙。」同時，你動手把牆壁擦乾淨。孩子會感到不知所措，他說：「媽媽，我再不亂畫了。」但當你的處理是「看你幹的好事，你不知道你不應該把牆弄髒嗎？討厭的孩子，我真不知道該拿你怎麼辦，等著吧，你爸爸回來我得告訴他，你會受到處罰的。」這不是你應有的態度，這樣的處理方法。說明你極沒有忍耐心。

寬容和限制對孩子來說是同樣的重要。但當你的寬容和限制過分了的時候，後果是可以想像的。例如：限制孩子不去外面盪鞦韆，或者不允許亂蹦亂跳，孩子會覺得自己沒有一點自由的權力，受壓抑，久而久之，孩子會以一種強烈的對抗心理與你作對，到那時，你會覺得自己當初是多麼的霸權。

第 90 招

讓孩子聽話的訣竅

孩子不聽話，確實是件令人苦惱的事。

孩子不聽話，形成的原因主要有兩種：父母只講遷就、溺愛，不講批評教育；另外是家長濫用批評教育的手段，使自己失掉了教育孩子應有的威信。

有些父母覺得自己幾乎控制不住孩子，激怒時常常破口叫罵：「你是聾了，還是啞了？」或者「叫了你老半天，就是不理人，你怎麼這樣不聽話！」可惜，這樣的叫罵絲毫不會改變孩子的行為。

做父母的常有一個錯誤的觀念，就是以為他們對孩子的要求有不可思議的力量，因此，他們叫孩子做事，孩子就應當聽話。這是父母的想法不同於孩子想法的又一例證。孩子想的是他的遊戲和他正就沒在意你的叫喊，因為想做的事，他根本十分習慣你的這種指令形式了。

性情暴躁與極端寵愛孩子的父母，都將得到這樣的下場：孩子不聽話。因此，在我們沒法教孩子聽話時，就必須了解問題的實質，然後才能對症下藥。

對於上述兩種情況，如果你是屬於其中的一種，你不必焦慮，正確地認識一下自己，改變過去自己對孩子的態度，你和孩子之間的問題是不難解決的。

這裡要談的是如何改變孩子對你的看法，你怎樣做才能使孩子聽你的話。

真正的問題在於，當孩子不想聽話時，如何引起孩子的注意。你不必訓斥他，也不需告訴他你很生氣，更不要嘮叨個不停。多數情況下，叫喊只不過增加了一點熱空氣罷了。

第一式 樹立形象。一般來說，家庭裡父母的形象多半是「嚴父慈母」型，父親的威嚴，在一定程度上給孩子留下一個很深的印象；父親很嚴肅，而且工作上是個很盡職的人，他值得尊敬、崇拜。而母親卻是溫柔、體貼、很會理家，教育孩子很有一套。有幸生活在這樣家庭的孩子，他一定很聽話。可見孩子不聽話，父母行為影響的因素占很大一部分。

第二式 長期對孩子嘮叨、吼叫的母親，有必要試一下這一步。對孩子說：「在叫你必須聽話這個問題上，我沒做好，我喊得太多了，有時候，一件事情我要重複好幾遍。因此從現在起，我將實行一項新規則。我儘量克制對你大喊大叫，也不再重複那一些話，而你不能說：『等一會兒』或者『我現在有事呢』之類的話來拒絕我說的話。不允許再出現你不聽我說話的事了。告訴你這些，是因為我希望我們今後沒有必要為此事發生衝突，所以，你必須聽話。」

第三式 繼續告訴孩子：「當我喊你做事時，你得在我限定的時間裡去做。孩子，如果你真的有事（如做作業），你可以告訴我，但我必須要知道你在做什麼。」

第四式 為證明孩子是真正聽你的話，你可以在他做事的時候，去看看他，問他是不是有哪些需要幫助的，使孩子明白，你不是在監督他，而是在關心、幫助他。如果他是想蒙混過去，那麼你的到來，將使他感到對不住你，而暗地裡下決心，他有能力幹好這一切。

第五式　若以上的方式都不能使孩子聽你的話，則你就得警告他：「無論你在做什麼，你都必須馬上停下來，我說到做到，直到你學會聽話為止。我不希望用強迫的手段來對付你，否則，你這會就別想幹你的其他事，直到你學會這些新規則，你才會得到你失去的時間。」

第 91 招

怎樣贏得孩子的信任

信任，可以理解為堅信別人的誠實、正直和可靠。父母與孩子之間的相互信任是他們的關係的重要方面，因為不信任會使現實關係中出現防禦現象，並直接影響交往的品質。必須經常以正直和誠實的行為獲得孩子的信任，絕對不要用所謂善意的謊言來蒙騙孩子。對孩子的提問，包括像「死」和「性」等傳統禁忌的話題，也應作誠實的回答。孩子喜歡問：「我是從哪兒來的？」「我到醫生那裡打針會不會很痛？」對此應做出誠實的答覆。

另外，父母不要輕易對孩子許諾什麼，除非是保證能做到的。孩子往往將成人的許諾當作已經約定好了，假如成人破壞了這種嚴肅的承諾，孩子便不再相信你們。因此，你所說的必須是真心誠意的，才能取得孩子的信任。

一般說來，孩子的確信任我們，認為我們是他最可信賴的朋友。但有時孩子不願在家對父母談論自己的事，而更多的是對他的朋友傾述自己的全部心裡話，這是因為朋友更容易接近，談得來，或者是朋友在孩子心中頗有威信，影響很深，在他那裡可以找到更多的共同語言。這些都是正常現象，家長不必大驚小怪。

這裡，我們要認真考慮的是，如果孩子從來就不曾信任我們，而我們也從來沒有贏得過他們的信任，那就證明我們的教育是失敗的。這就需要我們認真的改變以前對待孩子的觀點和態度了。

第一式 你自己要正直，同時，還必須培養孩子誠實正直的做人態度。一旦孩子到了懂得道理的年齡，就應當相信他們所說的話，以建立相互之間的信任（除非他說的話很不真實）。不要問孩子：「你所說的確實是真的嗎？」或者「不要對我撒謊！」經常用善意代替對孩子的懷疑，他將盡力實現對你的信任。

第二式 認真聽取孩子的解釋或建議。不要不等待孩子的申述結果，便根據一些蛛絲馬跡，即匆匆下結論，並進行不準確的譴責，這是對孩子感情上的蹂躪。必須假定孩子是沒錯的，除非你有足夠的證據能證明他犯了錯誤。如果不這樣做，將難以使孩子確信你們之間還存在著信任和真誠。

發現孩子對你不老實了，仍然應該對他抱誠實和信任的態度，相信他將來定會改變和克服這個毛病。讓孩子體會到，老實承認錯誤對他是有益的。應當相信孩子基本是正直的，並要表示信任孩子的行為與你對他的尊重是一致的。

第三式 父母撫養孩子過程中難免出現一些錯誤，如果對這些過失，你能採用疏導、講理、慈愛的態度來解決，那麼他們就能夠接受，而且不會造成無法挽回的損害。重要的是你本身怎麼樣，你和孩子的關係又怎麼樣，這比偶然犯的過失更為重要。應該直率地承認自己的錯誤，並與孩子交談、向孩子道歉，而不要使孩子形成「父母是不會有錯誤」的印象。

例如，你因孩子違反了無關緊要的規矩而大聲叫嚷，原因是你自己疲勞過度、急躁和失去控制力。這就應該向孩子誠懇地承認真實原因。可以這樣說：「我剛才對你吼叫是不對的，現在我知道你並沒有做什麼壞事。是由於我感到疲倦和情緒不佳才對你發脾氣，請你原諒！」

第四式 每當某事或某種情況發生時，都要用同一方式處理。對待孩子的一致性，是孩子對你信任的基礎。當孩子知道父母對自己會有什麼期望，以及父母會怎樣反應時，他們就會感到比較安全。

做法不一致的父母，對待孩子的態度往往隨個人的心情好壞而變化，比如，在某個時候允許某種行為，而在另一時候又懲罰這種行為。如果孩子每天放學後出去玩之前，都把他的家庭作業做好，父母就應當每天都檢查學校的聯絡簿。在完成這項工作之前。不要讓他先出去玩。如果某一天允許孩子忘記做，以後再要建立這種習慣就需要更長的時間了。

每天始終如一地對待孩子，就是不要經常改變你對他們的熱愛、高興和欣賞的態度。不要今天高興了對他們一個樣，下次生氣或憂愁時對他們又一個樣。

孩子信任你的一個標誌，是當他們有問題時會來找你，因為他們知道你能給他爽直的答覆。另外一個標誌，是孩子會將自己的秘密告訴你，因為他們知道你不會辜負他們的信任。對照這兩條檢查一下，你是否贏得了孩子的信任呢？

第 92 招

慈愛加原則等於威信

家庭生活中，母親與孩子的接觸最多、最親密，正因為這樣，母親的管教在很大程度上是比較軟弱的，帶有感情色彩的。而有的母親卻是憑著感情衝動來責備孩子，這樣不僅對孩子無益，而且是有害的。

似乎每個母親對子女的期望都很高，所謂「可憐天下父母心」，但是她們對孩子的教導，都缺乏正確的方式。因此，擺脫現實生活中存在的壓力，制訂出一套行之有效的管教方式，幫助母親正確地行使自己的權力與職責，將是本招的重要內容。

第一式 消除心理障礙。許多做母親的常常因為孩子初犯錯誤就姑息遷就，生怕孩子受不了大人的指責批評。其實，母親根本用不著去想孩子是否受得了的問題，而是要在事發之後，心平氣和地與孩子分析他所犯的錯誤，將會給自己或家庭帶來什麼樣的後果，一旦這後果是不能挽回的，他將怎麼辦？要讓孩子知道，母親雖然疼愛孩子，但絕不是無目的、無原則的。孩子的錯誤行為雖然有時不是故意的，但也要讓他明白，這種事絕不能再次出現，否則，他將會受到重大的懲罰，而不是談談心，承認承認錯誤而已！

第二式 母親天天和孩子生活在一起，就是在挨罵的時候，孩子對母親的下一句話要說些什麼都清楚得很。有些母親常常喜歡這樣說道：「你要是這樣做，我就告你父親去。」孩子聽了這話，多少感受到一點脅迫而順從母親的意願。實際上，這樣的做法會大大削弱了母親在孩子心目中的地位，所以，我們要儘量避免說這樣的話。母親也要有母親的威嚴，你一旦失去了它，那麼，就無法行使母親的職權，而孩子也會覺得母親根本管不了自己，當父親外出或不在家時，他就可以無法無天、胡作非為了。

要樹立起自己的形象與威信，方法很簡單，即不要以父親的名義來威嚇孩子，要以身作則，說到做到，言行一致。前後矛盾或言而無信，都是使孩子對你不信賴的原因。

第三式 堅持原則。日常生活中，孩子在不遂願的時候，總喜歡哭鬧。這時，母親不能因為孩子哭了，就答應他的要求，但也不能說：「你不能哭。」、「你哭了也沒用。」更不要用打罵來刺激孩子，否則，更會促使孩子無理取鬧或哭個不停。不要因為孩子哭，就心慈手軟，該批評不批評，該懲罰不懲罰。女人天生心軟，她會因為孩子的任何可憐行為，或哭、或耍賴而丟掉原則，並且還會陪孩子一起掉眼淚。教育孩子，不光要有慈母心，還必須要有自己的原則。

第四式 切心嘮叨。絕大多數做母親的都時常有這種情況出現——整天就一個問題嘮叨個沒完。做母親的這樣沒完沒了地說個不停，孩子是左耳進，右耳出，根本就不把母親的話當一回事。孩子之所以不聽話，母親太囉嗦也是原因之一。換一句話說，孩子有這樣一種僥倖心理，反正母親會不斷地交代，聽不聽都無所謂。

所以，在吩咐孩子做一件事情時，先要告訴他：「記得哦！我只說一遍，絕不再說第二次的！」使之專心聆聽你的話，比如，你告訴他，吃飯前一定要洗手。這時，一定先要告訴他們：「好了，媽媽只說一遍。」這麼一來，孩子在心理上就會專心聆聽了。

第五式 母愛管教也是一種可取的方式。當孩子不聽話或亂搗蛋時，做母親的可以利用自己特殊的感情，去引導孩子放棄他正在翻抽屜，打開電冰箱往裡亂放東西的行為，這一方法適合三、五歲的幼兒。當母親很嚴肅地，拉孩子到自己身邊，溫柔地告訴孩子：「媽媽今天已經夠累了，請你不要再搗亂了，關上冰箱，收拾好抽屜。」然後，媽媽抱起孩子親了親，又說：「你是媽媽的好寶寶，今後要聽媽媽的話。」當孩子看著媽媽嚴肅而確實疲勞的面孔時，他會覺得自己很慚愧，於是跑去弄好一切。

第 93 招

母愛是不能捨棄的

美國曾經有人到孤兒院作過調查，發現那裡絕大多數的孩子由於缺乏母愛，表情呆滯，智商低下。他們把其中一部分孤兒領出去作養子，幾年後再測試，證實這些孩子平均智商比仍留在孤兒院裡的孩子要高。可見，父母的愛，親人的愛，對兒童智力發展也會產生積極的影響。

孩子成長有生理需求，例如，冷了要穿衣服，餓了要吃東西。但更重要的，還有心理的需求。孩子感到自己被人愛著，會產生強烈的安全感和歸屬感。父母要教育好孩子，就要愛孩子。愛是教育的前提。試想，如果一個孩子常常被粗暴對待，惶惶不可終日，怎能健康成長、早日成材呢？

遺憾的是，許多父母忽視了孩子這一心理上基本要求。從孩子學步起，父母便犯下了關鍵性的錯誤！他們忽視了繼續與孩子保持親密的關係，而只是按照自己的意志對孩子下命令或提出各種要求，絲毫不考慮建立感情基礎。

許多父母藉口沒時間，工作實在太忙而為自己辯解，這是一種推卸責任的方式。能花上哪怕很小部分時間與孩子在一起，對孩子的教育來說，都是很重要的。當你和孩子共同享受在一起的快樂時光的時候，不要對孩子有任何要求，不要命令，不要訓斥，也不要說教。順便提一句，父母與青少年子女之間出現「代溝」的原因之一，通常是父母不肯花時間通過一些表現愛的活動，來建立他們與孩子之間的密切關係。

如果你是一位已與孩子拉開一段距離的家長，那麼，以下幾條建議將有助於你處理你與孩子的感情問題。

第一式 無條件、積極地愛孩子。這當然是指你的愛不附帶任何條件。比如，不能這樣說：「如果你這樣做了或者不這樣做，我就愛你。」而是要使孩子感覺到：「我被愛，只因為我是我。」這意味著你的孩子無論做了什麼事或者失敗了，你都將他看作是值得愛的人。

愛孩子既不是為了自己的什麼，也不是因為孩子能取悅於人，更不是為了有用處而去愛。不要用失去父母的愛來威脅孩子，即「如果你繼續這樣做，我就不愛你了！」應當使孩子感覺到，在這個急速變化和社會準則混亂的世界裡，他至少有一種穩定的、安全的依靠，那就是父母的不動搖的愛。因此，不要以收回愛和捨棄愛，作為對孩子錯誤行為的懲罰。無論你對孩子的行為多麼氣憤，仍然應該使他感受到，你始終是愛他的——生氣是因為他的行為，而不是他本人。

第二式 撫愛對孩子的成長具有獨特價值。撫愛包含對孩子特性的了解和懂得這些特性可貴之處。當你撫愛孩子時，會對孩子發展著的「自我」感到驚奇。在他們奇蹟般的生活中，他們的個性有一種特殊的吸引力。盡心的撫育能促進孩子個性的形成。撫愛包括承認孩子需要離開你，成為獨立自主的人。如果父親或母親對此珍惜，這種獨立將比較容易實現。根據調查，東方人的親子身體接觸，遠遠不及格，差老外太遠了。

第三式 照顧孩子。照顧首先意味著對孩子的思想、感受、行動等每一件事，以及對他周圍發生的一切都感興趣。它還意味著給孩子的幸福，至少和你自己的幸福相等。孩子對待這種愛會產生一種想法：父母對我照顧得如此好，我也應當好好聽他們的話。當孩子感到父母在關心他的幸福，他會更樂意地接受父母的規定和管教，這也能體現出你們之間的感情融洽的程度。

雖說無條件為孩子付出愛，是天下父母心，可是千萬不可溺愛、縱容、控制或者過分保護孩子。你的愛，應該是對孩子的行為負責，而不要使孩子成為你們的中心。

第 94 招

尋找失去的權威

一般而言，父親為工作到處奔波，加班遲歸常常一個禮拜沒有機會和孩子見面。難得有個假日，父親為補償對孩子的疏於照顧，一味地討好孩子藉以彌補他的愧疚感。其實，父親在家教中絕不是可有可無的，只要著眼點稍微改變一下，就能創造出和母親不同的管教方式來。

父親的管教方式，在許多方面有別於母親。在家庭中，父親是頂樑柱，其責任往往比母親重大得多。在日常生活中，母親常常和孩子在一起，對孩子提出的任何要求多半順從，不知不覺中養成了孩子的依賴心理。孩子一旦看準了母親姑息遷就的心理，母親則再也不能好好管教孩子了。

這種時候，父親應站出來，在孩子面前，表明斷然的態度，這種態度對母親管不了的任性孩子，則能產生一種有效的抑制作用。父母和孩子因極少碰面而顯得陌生，因此，他不會縱容孩子，而能給予孩子一種權威性的嚴父印象。

父親若是一位事業成功者，但願他能把工作中的威嚴作風，從社會帶回家庭，在孩子面前，頗具權威性。如此，當孩子任性時，只要父親站出來，就能顯示出力量來。

第一式 積極參與。儘管許多父親現在在家庭教育中充當最重要的角色，但仍有一些父親，沒有正確認識到他們在家庭中的重大責任。因此，我們要再次提醒那些做了父親的人，應該學會像母親那樣對家務承擔責任。由於現在許多婦女都有了職業，所以父親能主動參與對孩子的管教，要比以往任何時候都更為重要。

多數父親都需要重新想一想，他們對年幼兒童是多麼重要。不要說：「孩子有媽媽管教，根本就不需要我。」殊不知，這樣的父親已完全喪失了一個做父親的基本責任，他還不明白為什麼大多數孩子都和母親接近，而在他想與人交流時，總是去找母親，而不是父親呢？

第二式 做父親的如果在家庭裡失去了威信，那麼，教育孩子就是一句空話。父親要有父親的威嚴與權威。首先，做父親的自己要以身作則，言行一致，做好表率作用。用當孩子不聽話或犯錯誤之後，父親的指責就會起到相當的效果、如果你還覺得這樣不夠嚴厲，那麼，你就要慎重其事地、耐心地教導孩子，而不是使用粗暴打罵形式，否則，當孩子長大以後，他會覺得自己的父親既沒有能力，又缺乏修養，更談不上有什麼威信了。

第三式 保持沉默，巧妙地應用沉默的技術，是樹立父親權威的一大特點。知道如果父親對孩子成天嘮叨不停：「不能這樣」、「不能那樣」，凡孩子瑣碎的日常事物，父親都要囉嗦，這種人應該察覺自己已在削減父親的權力，無論平常多麼關心孩子的舉動，要注意這些瑣事，最好是由母親擔任的，而自己應保持沉默才好。

沉默對對方有多少威力，已在心理學上得到證實。沉默絕非無能，沉默本身即具有極大效力。

第四式 無論孩子與母親或是與其他同齡人爭執，父親都應站在第三者的立場，從旁觀察。比如：看到母親責罵孩子的時候，父親不應偏袒母親一方，而要在站在超然的立場來看整個事情，心平氣和，就像法官一樣。

當孩子吵著要買玩具或要求上兒童樂園玩時，你要慎重考慮做出決定。這種時候，母親往往不是縱容孩子就是哄騙搪塞過去。那麼，父親加以調解，既不能敷衍，也不能搪塞。

第五式 做父親的要配合母親一道管教孩子，而不應當著孩子的面對妻子的管教加以干涉。例如，當一方因一遍遍招呼孩子上床而感到心煩時，另一方應插話說：「我看得出來，你不聽媽媽的話惹得她很不高興。但媽媽說得對，我也希望你儘快上床。」在這種情況下，支持（而不是指責）強化了夫妻管教的一致性，同時也讓孩子知道，即使大人很心煩，還是希望孩子能聽話，讓孩子知道他無法拉攏一方對付另一方，這樣做對孩子來說是公平的。

如果你能以正確的方法管教孩子，相信你一定是位合格的父親，而不是像人們所說的：「父親是家庭中的無能者。」

第 95 招

什麼是父親的威信？

一個教師問他的一個學生，你是否經常有事找父親商量？孩子的回答讓人感到吃驚，他說：「我幾乎沒有和父親說過什麼話。」而有的父親向老師埋怨自己的孩子說：「他們對我們不感興趣，從來不和我們講什麼事。」

請這些父親回想一下，你是不是對孩子的提問置之不理，粗暴地打斷他興致勃勃的談話，迫使他停止做一件對他來說是十分重要的事情？難道不就是從那時起你和孩子之間出現了最初的裂痕，關係開始疏遠起來的嗎？

你為什麼會喪失自己的威信，能否挽回它呢？

如果孩子不信任你，如果兒子對母親說話很不禮貌，如果你的話已失靈，任何教育的法寶都用了，都無濟於事了，這就意味著，你沒有好好地教育自己的孩子。很早就沒有教育好，而且是天長日久了。一切教育工作有必要從頭開始，在你的家庭裡許多事情要重新查看。重新考慮。

首先要搞清楚，你是怎樣和孩子交往的。要知道，若是丟掉這種交往的途徑，我們就會和孩子疏遠起來。

贏得孩子信任並不意味著追問孩子各種問題。孩子也許能談自己的情況，能表露內心的思維想法和秘密，能夠提出對他來說是懸而未決的問題。但是，這些只有在你樂意和他接觸的情況下才有可能。

對孩子來說，父親的威信並不僅僅停留在你和他友好對話的基礎上，更多的還是父親自身所起的模範作用。

第一式 提供知識的作用。這是和孩子相互關係方面有益的和必要的形式。孩子在和你交往中汲取前輩最寶貴的經驗，把大人作為仿效的榜樣。他將詢問許多事物及其特徵，掌握各種各樣的技能和本領，會理解和思考所見到的事情，並且還會感到喜悅和悲傷，會感到疑慮和驚奇。

遺憾的是，有些父母把提供知識的作用，歸結於在各方面對孩子進行支離破碎的教導和提供一點淺顯的知識；另一些則把對孩子提供知識當作是唯一的教育方式。應當注意的是，孩子在不斷地成長，提供知識的作用也應逐漸增多或擴大。

第二式 了解情況的作用。你應同自己的孩子建立這樣的關係，能促使他們說出自己的思想，傾吐自己的感受，講述自己所得到的知識。

耐心而認真地聽孩子講話或回答問題。要讓孩子明白：你是重視他的，並相信他們的鑑別力，你對他們的意見很感興趣，必要時還可讓他們做出結論、評價和判斷。

當孩子唱歌時，你不要打斷他：「什麼亂七八糟的歌！你怎麼沒完沒了地唱它？」儘管這首歌確實不怎麼樣，但你也絕對不能使用這樣的措詞。

記住一個重要的信念，如果你不能成為孩子的朋友，則永遠不會在孩子跟前有威信。

第三式 有的父親不惜任何代價竭力維護自己的威信，在對待孩子的關係上，他們變成了專制獨裁者。因此，有必要執行這一步——放任的作用。

經常會出現這樣的情況，教育者讓孩子們完全自由行動，把希望寄託在他們的自覺性上。這就是「自然影響」的方法。

假如你並不在乎孩子做錯事和淘氣，那麼，當他打破玻璃杯時，讓他自己撿碎片：當他對母親做出蠻橫無禮的行為時，叫他體驗媽媽對他不予理睬，沉默不語的滋味。

第四式 做好參謀的作用。對於孩子的學習或工作，你的任務只能是輔導或參謀，給孩子提供一些合理化的建議，讓孩子知道，你是他堅強的後盾，他必會覺得任何時候你都是他最好的朋友和父親。

第五式 鼓舞的作用。父母威信的根源就在於一點，即在於父母的行為，這裡包括很多方面，如父親或母親的整個生活、工作、思想、習慣、感情和意願。這裡的主要問題是培養孩子將來能獨立生活，因為在這樣的生活中，他們會遇到不少困難和問題。母親輕鬆自然地把自己裁剪、縫補和操持家務的本領傳授給孩子：父親則讓兒子運用他的知識和技能來從事家務勞動。

當你發現孩子有某種才能後，就需鼓勵和引導他去實現這遠大的目標，同時，你還需從孩子的實際條件出發，既不要使他們產生覺得自己缺乏某種特長或才能的想法，也不要慫恿他們產生與眾不同的妄想。而且，應該考慮到實際情況和社會需要。

第 96 招

衝突會產生親子之間的疏離

每個做父母的都希望自己的孩子聽話，可是許多時候總是事與願違，孩子們不但不按照父母的意志行事，甚至還跟父母鬧彆扭，他們固執、任性、真讓做父母的感到苦惱。為什麼孩子與父母之間會有這樣或那樣的衝突？調查分析表明：父母與孩子的衝突，主要是由以下幾個原因造成的。

父母作風粗暴。有的父母對孩子缺乏耐心、細緻的教育與引導，他們對孩子動不動就打罵、訓斥。父母不講道理，孩子就和父母逐漸在感情上疏遠，久而久之，便造成子女與父母嚴重對立。

孩子受到冤屈。父母的成見和過於自信，常常給孩子帶來冤屈而又沒辦法申辯，讓孩子覺得父母無情。最為常見的是父母要孩子無錯認錯。有的父母自己放的東西找不到了，卻責怪孩子弄丟了，甚至還規定找不回來，就不給飯吃。諸如此類的事情，都會使孩子在感情上跟父母發生隔閡。

另外，孩子的自尊心受到損傷，有的父母往往低估孩子的積極性，不信任孩子，致使孩子的自尊心受到挫傷，以後孩子對父母說的話就滿不在乎了。比如：「孩子理解能力差一些，就管他叫「笨蛋」，孩子比較老實，又說他是「窩囊廢」。這些家長不善於發現孩子的長處和微小進步，卻對孩子的缺點和錯誤說個沒完沒了。

孩子生活在家庭裡、學校裡和社會上，他們天天看到、聽到、接觸到各種樣的事物。他們在自己的成長過程中，常常要向父母提出一些要求和希望。有些要求可能是過分一些，家長應該說服孩子放棄，加以疏導。但有些要求是合理的。父母如果不能設身處地為孩子著想，不加分析地將孩子的一切要求都成是無理取鬧，加以訓斥，就會讓孩子覺得父母不可親，於是與父母發生衝突，產生對立的情緒。

父母與孩子缺乏交流。有的家庭從來沒有發生過不幸，更沒有因為嚴重衝突而出現分裂，孩子對父母卻非常疏遠、甚至漠不關心，這種令人難以忍受的氣氛是父母長年累月造成的。父母成天忙忙碌碌，為自己的事脫不開身，年復一年，就在自己同孩子之間劃出一條鴻溝。

若你已陷入與孩子的衝突之中，你將怎樣儘快地去清除這種不愉快的對立呢？這裡將要告訴大家的是：首先，你必須在認識上掌握父母與子女之間的差別，以及成人和孩子在想法上的差異，同時，還必須明確逐步對孩子採取措施的重要性。

第一式 如果你和孩子發生了衝突，而孩子直到現在還不服從你，要你不發脾氣是很難的。但如果想做一個好家長的話，你就必須比孩子更具有自制力。如果你不覺得這有多麼重要，那你就別指望孩子會按你的願望去做。

你一定要清楚你是怎樣要求孩子做事的。你對自己的態度和語調要清醒的認識。想一想，你喜歡別人怎樣對你講話，或者當別人以蠻橫無理的方式與你講話時，你是怎樣反應的？當你煩躁不安時，孩子注意到的不是你對他的命令，而是你的沮喪和憤怒，你當然不希望這樣。爭執結束後，不要一味分析孩子是怎樣做的，而要問問自己是怎樣處理這一問題的。這有助於你弄清楚自己當時的態度是否得當。一旦你比較過自己老一套的做法和新的方法，你就會發現自己的態度對孩子行為的影響。認識到你的態度是孩子做出反應的主要因素，這一點是你改變他行為的第一步。

如果你很忙，或心情極壞，或正巧趕上身體非常疲乏的話，你也許很難控制孩子的行為。當你提不起精神時，你什麼也別做，因為這時你怎麼做都無濟於事。

第二式 主動讓步。當孩子受委屈、受冤枉後，他一定會很忌恨父母，並常常故意做出與父母意願背道而馳的事來。這時，做父母的應在檢查自己的言行之後，及時主動承認自己的行為，並勇敢地說明自己的打罵是錯誤的做法。這裡用「勇敢地」三字，意在說明這樣做確實是不容易的，要衝破傳統的習慣，要打破父母與孩子間的不平等觀念。

如果教育者與被教育者之間有了矛盾，當然教育者要採取高姿態，要主動邁出步子來，實際上主動權也是掌握在教育者的手裡。父母的高姿態，給孩子受傷的心靈播下了一顆高尚的種子，這樣，就更提高了父母在孩子心中的威信和地位。

第三式 幫助孩子認識和改進自己的錯誤和觀點。這裡提倡當父母的要學會與子女談心、交流思想。不少父母在這方面都「不及格」，他們習慣於對孩子採命令式：「把門關上！」「待在這裡，不許亂動！」這樣是不行的。和孩子談心是一門藝術，這要從平時做起，不只在發現孩子有錯誤時要談心，就是在一般情況下也要談心，交換各自的看法。針對孩子的錯誤進行談心時，要步步深入，要指出問題的所在，尤其要啟發孩子的自覺性，使孩子自己知道必須改掉缺點和錯誤。

第四式 鼓勵與讚許。當孩子表示要痛改前非時，當父母的就要積極地給以讚許、多方面的鼓勵和支持，並為他創造相應的改正錯誤的條件。你該注意積極的變化，甚至是微小的變化，並表揚他所做的努力。可以這樣說：「我知道你按我說的去辦，有一定的困難，但我很高興你最終還是照辦了。」這樣既可以為孩子改正錯誤鋪平道路，又可以使父母與孩子間的感情進一步協調一致。

第五式 你要充分認識到，當某一步驟不靈時，你的反應可能是，這方法有什麼用？一點也不靈！當你與孩子衝突了一段時間後，你一定要了解，他在行為好轉之前，有時會有更壞的表現。而這種更壞的表現正是個好兆頭，因為它說明了你對他的影響正在起作用。當你與孩子衝突已久時，他是不會立刻讓你看到你的管教在他身上已發生作用的，你不能指望他馬上就說：「哎呀，讓我改正缺點的想法實在不錯，這比以前衝著我大吵大嚷好多了！」

你必須明白一點，孩子的態度不會立即改變。如果你希望他對你表示滿意那些新規則，那表明你不是個明智的人。這可是你與孩子發生衝突後的一次決定性的變化，你至少需要花點時間，考慮一下你和孩子之間是如何相互影響的。要想想當你的配偶或老朋友要求你改變自己的行為時，你是多麼地不情願啊！孩子也有同樣的感覺，他們與你一樣有權力抗爭。

合格家長的必要條件

在現代家長學校興起之前，在漫長的人類社會發展史上，還沒有人進過什麼專門學校去學習教育子女的知識，以及訓練教育子女的能力，但是人們不是也擔負起了教育子女的責任了嗎？在傳統的觀念中，人們都認為，只要能生兒育女，到時候便自然而然地學會怎樣教育子女。這實際上是一種愚昧的落後的觀念。

在現代社會和未來時代，家長要成為合格的父母，必須受教育、訓練。有人說過：「家庭教育對父母來說，首先是自我教育。」此話一點不假。要提高家庭教育的效果，就必須切實加強家長自身的修養。

家長的自身修養，對於成功地教育子女來說，是十分重要的。首先，家長作為教育者，其素質比較高，可以更好地運用教育原則和教育方法，取得更好的教育效果；其次，家長素質高，可以恰當地處理子女教育工作中遇到的種種難題；再次，家長的素質本身就是一種教育因素，素質不高，就無法對子女產生積極的潛移默化的效果。

因此，要讓孩子能更快、更好地適應現代社會的發展要求，父母必須努力學習，搞好自身的修養。

第一式 要有義務感。從你做了父母的第一天起，就要承擔起一項重要義務：把孩子好好培養成人，使其成為一個對社會有用的人才。

每個做父母的，都要感到自己肩上責任的重大。應當樹立這樣一個觀念：通過自己的精心培養教育，能夠把子女培養成有理想、有道德、有文化、守紀律的一代新人？是我們的光榮，應以此感到自豪。相反，如果沒有把子女培養教育好，就是對社會、對國家、對子女不負任的行為。

在此還須強調的，就是離婚父母也要盡撫養教育子女的責任。如果只為尋求個人的幸福，置子女於不顧，那是自私的，是不道德的。

第二式 要有知識、能力。除了具備強烈的義務感和責任心以外，還必須具備一定的知識和能力。否則，心有餘而力不足，就是有良好的願望，也不會達到預期的目的。

家庭教育是一項十分複雜的工作，要搞好這一工作，你必須具有一定的知識能力。這裡給你提供幾個學習的內容：

（一）需要學習兒童心理學知識。心理學是研究人的心理活動規律的科學；也有人說心理學在推動這個世界。

（二）需要學習生理學知識。為了以科學方法來保育孩子的身體，促使他們身體得到正常發育、如何維護健康減少疾病，家長很有必要學習生理學知識。

（三）需要學習教育知識。利用教育知識、充分發揮家長的教育機智，改善家庭教育的內容。

（四）需要學習各種學科的知識，要養成閱讀的習慣以提高家長的文化素質。

另外，教育子女的知識，並不等於教育子女的能力。教育子女，主要需具備三種能力：

（一）了解孩子的能力。要想真正了解孩子，就得運用心理學、生理學的知識，去認真觀察孩子的言行舉止，洞察孩子的思想脈搏，他們每天在做什麼，想什麼，家長應隨時注意，做到心中有數。還要善於通過和孩子談話，除了增加親密關係，也可以了解他們的內心活動。

（二）分析情況的能力。撐握了孩子們的具體表現，還要會學會分析情況，並找出原因。

（三）解決問題的能力。發現孩子的錯誤、缺點、究竟採取什麼方式法進行教育，家長應會選擇，會靈活運用、切不可生搬硬套某些「理所當然」的死條例。

第三式 家長要有威信。威信就是威望和信譽。威信的一個重要特徵就是意志服從。家長的威信表現在：孩子尊重、愛戴、信賴父母，父母對孩子提出的要求，孩子能自覺自願地毫不勉強地接受、聽從，並能把這種要求轉化為實際行動。家長還需要做到以下幾點才能樹立起合格父母的威信。

首先，要以身作則，才是建立和維護家長威信的首要條件。日常生活中，父母要處處嚴格要求自己，事事起表率作用。要言行一致，表裡一致，平等待人，尊敬他人。

其次，必須克服封建家長制的思想影響。不要對孩子總是居高臨下地訓斥，不尊重孩子的獨立人格，把孩子當成自己的私有產財產或附屬品。

其三，必須和孩子建立民主、平等的關係。家長對待孩子，不要以為高出一等才有威信；不要以為家長必和孩子保持一定的距離，說話才算數，教育孩子最好的方式，是和孩子平等對話，共同討論。

其四，管教孩子要嚴而有度，寬嚴適當。正確的態度應該是有一定的限度，掌握一定的分寸。對於孩子的問題，如果屬於品行問題，要嚴；屬於經驗、能力問題、要寬容。這樣做，孩子看到父母是通情達理的，父母的威信自然會提高。

第四式 要有理智。可以說，理智是人們正確處理和妥善解決問題的重要保證。

一個理想的教育者，要能隨時地注意克制自己無益的感情衝動，根據需要調節自己的感情。例如，有的家長在單位與同事，在家裡與鄰居發生了矛盾，很有理智，很少感情用事。可在教育孩子時，卻是常常發脾氣。這說明自己的情感不是不能自控，關鍵是能不能嚴格要求自己。

孩子如有了進步，應當高興，但高興的程度也要適當。過分的高興，容易出現過分的誇獎，獎勵，會使孩子滿足於現狀，不要求上進。有了過失、錯誤，應當嚴肅批評，但批評得太過分，沒完沒了，抓住不放也不好。

家長是孩子的全權教育者，其責任是重大的，這就要求家長有很高很完美的素質，上述家長所要具備的義務感、知識能力、威信等素質，是對一個教育者的最起碼的要求，也是一個合格家長必須做到的。

第98招

家庭禮貌必須從小培養

「早安？」

「你好！」

「晚安！」

對這類很平常的早上和晚上的寒暄問候已經養成習慣的家庭，和沒有這種習慣的家庭之間，在家庭內部的人際關係大概會大不相同吧！

日常生活中的禮貌寒暄，相互致意，在家庭看來好像是無關緊要的小事，但如果能養成習慣，堅持下去，家庭成員之間就會形成一種互相尊重的良好氣氛。培養孩子講禮貌的品質，是家長們管教子女的任務之一。為此父母必須懂得使用和經常使用禮貌用語，並能做好表率。

第一式 不要忽略平時的生活細節。教會孩子學會禮貌用語，他懂得要求別人幫助時要說：「請」；受到他人幫助以後要說「謝謝」；與客人見面時要說「您好」；告別時要說「再見」等等。孩子學習了禮貌語言，要讓他們經常地應用和交流。在幼兒園同伴互相交際，在家裡與家長交流，使感性經驗進一步得到鞏固。孩子在使用禮貌用語中，得到愉快的體驗，就會形成禮貌習慣。

第二式 告訴孩子，禮貌用語不是表面的客套，它包含著對別人的尊重，關切和熱情。要使孩子體會到這一點，使他們自覺地、主動地注意禮貌，而不是敷衍、應付。在此，還要教會孩子在公共場合遵守社會道德；安靜地聽別人談話；不干擾別人的工作和休息；尊重別人的勞動；不講粗言穢語。讓孩子牢記，這些既是禮貌的表現，也是良好的品德。

第三式 做父母的，應在家庭中培養一種互相尊重，禮貌待人的良好氣氛。倘若過去很少這樣「客氣」，從現在起也為時不晚。當你第一次向孩子問候時，女兒便立即回答了，並主動問候別人了，但兒子有些難為情似地不回答，即使回答也是「嗯嗯」幾聲，你不管他回答與否，每天繼續問候，時間一久，兒子自然而然也會說上「早安」、「我上學去了」、「我回來了」這類寒暄話了。這雖只是早晨的相互問候，但卻能使家庭氣氛增加幾分快樂、和睦、舒暢的色彩。

第四式 對一個從不願禮貌待人的孩子，以上的方式當然很難使他改變歷來的舉止言行，你可以遊戲的方式來測試一下孩子曾說過的話，看看孩子的心情怎樣。比如你說一句孩子最常說的那句口頭禪：「走開，別擋我的路！」或者「我就是不想做！」多次重複這樣的話，孩子的自尊有時會受到一定的傷害，但最終能改變他的言行，這種激將法也是可以實行的。不過，當孩子稍有一點點改變，你就需加以鼓勵，希望他今後能繼續堅持下去。

造就民主、開放的家庭氣氛

一個充滿友好、民主與和睦的家庭，往往能培養出智慧超群、思維敏捷，及具有獨創精神的孩子來。這樣的家庭，教育孩子一個最基本的原則就是具有充分的言論自由，以及個人行為決策的自主性。

我們常常強調，要給自己的孩子以充分發表意見的自由。但若細想一下就會發現，我們允許孩子們自由發表意見有著一個很大的實質性前提，即他們的意見不應與我們相差太遠。值得注意的是，孩子們的思想是在我們所不熟悉的那些書中吸取的，或者是受那些過於自信、說起話來滔滔不絕的朋友們的影響後的反應。可許多家長卻常常以近乎傲慢的口吻對孩子們說：「這不是你小孩子的事！」或「你給我住嘴！」有時口氣還很生硬，絲毫不留餘地。

由於不能正確對待孩子們的意見，或者由於不能同意他們的觀點，家長和孩子之間的討論很少能獲得成功。即使父母也曾閱讀有關教育方面的專業書籍，而且也知道各方面的教育學理論，可一旦如果說出與父母的看法不同的見解時，父母還是常常忘記他們有發表意見的自由。於是，責怪聲脫口而出：「別說蠢話啦！」或是「你以為你比我們聰明？」以及「你想在老子面前班門弄斧嗎？」等等。

父母常常習慣用教訓的口吻，大談特談自己的所謂經驗。但是，父母必須承認，你們傳授給孩子的這些經驗，與孩子在實踐中親自獲得的經驗相比是微不足道的，因為孩子用自己的方式、從自己的角度出發所獲得的「經驗」，往往真實、準確、深刻得多。

言論自由的前提，是在於尊重別人的意見。如果孩子發現，儘管他的意見在毫無偏見的爭論中被否定了，但並不被人蔑視，這時，他會擺脫精神士的伽鎖，解放思想，更加積極地去思考那些曾經令他難以理解的問題。相反地，無數次制止或指責卻只會使孩子變得膽小怕事，畏縮不前。

第一式 允許孩子提意見。無論他的意見正確與否，都必須給孩子最基本的自由權利。不要以為孩子給父母提出意見，是輕視父母，覺得有損父母的尊嚴和威信。其實，孩子長到十四、五歲時，他們的辨別能力很強。他們對父母的尊重，不是建築在單純的父母子女之間的血緣關係上，更不是建築在父母對子女的經濟供養上，而是建築在父母對子女的啟示、教育和榜樣作用上。最有威信和最受孩子尊敬的父母，首先應該是最能以自己的美好言行為子女指引前進道路的父母。如果父母能做到尊重孩子的意見自由這一點，那麼，孩子們會更尊重父母，對父母的意見和批評也能愉快地接受。

第二式 養成一種民主習慣。父母從小讓孩子在家庭中享受民主空氣，使他們敢說、敢想、敢提意見，今後走入社會，就能把這種精神運用到管理公司的事務中去。可以在你們的家庭規則中加上一條，定期召開家庭會議，使孩子們具有充分的提意見權。這也是增進父母與孩子之間的友好關係的重要途徑。

第三式 允許孩子向父母提意見，實際上也是允許和鼓勵後一輩人超過前輩。「長江後浪推前浪」，長輩人總是希望後一輩人能比自己強。即使意見不正確，父母在指出這個事實之外，對意見本身應加以肯定和表揚，因為那是一種難能可貴的精神。當父母的切不可因為孩子提意見，就擺出一副「爺老子」的架式，勃然大怒起來，那樣會打擊孩子的士氣，甚至會使孩子從此再也不敢提意見了。

開通，明智的家長們，如果你的孩子常向你提出不同觀點的意見，你的反應應該是：聆聽、接受或者表揚。

第四式 饒有興趣地聽取孩子的意見。當父母對孩子的思想情總似乎不感興趣時，孩子就會感到受挫和憤恨。結果，他們得出結論：他們的意見是愚蠢的，不值得注意的；他們自己既不可愛，也不為人所愛。

如果父母注意聽取孩子的意見，孩子就會認為他的意見是有慣值的，他是受人尊重的。這種尊重給孩子一種自我價值的意識。個人價值的感覺能使孩子更有效地應付和處理世界上的人和事。當父母饒有興趣地聽取孩子的意見，並拋棄那些尖刻的評語，不帶侮辱和嘲弄地講述自己的情緒和需要時，孩子就會開始逐漸地轉變，而形成正確的是非觀念和價值觀念。

第 100 招

創造良好的家庭環境

每個孩子都有一個家。家是他們休息的場所，與親人共享天倫之樂的所在，也是學習的地方。家庭環境的好壞，對孩子的成長關係非淺。

家庭生活環境的薰陶，是指父母有意識地創造一個和諧、良好、優美的家庭生活環境，使孩子置身於其中，在日常生活中受到潛移默化的影響。

這種教育方法，主要是為了培養孩子良好的生活習慣和思想品質，形成高尚的道德情操和行為規範，使孩子在德智體美諸方面都得到發展。

孩子一生下來，首先進入家庭，這是人生的第一個生活環境，最初的生活環境對孩子的身心發展影響極大。剛剛進入人世間的孩子，他們無知無識，人世間的一切都是陌生的，同時也是十分新鮮的。他們所直接接觸的周圍的一切，對他們都產生刺激，他們也會做出相應的反應。這種刺激和反應就是教育作用發揮的過程。

在家庭中，人們連續生活的時間最長。兒童少年時期，家庭是他們主要的生活場所，即使是走上社會獨立生活以後，家庭仍是他們重要的生活場所。不同的家庭環境，對孩子的影響作用也不同，有積極和消極的兩種影響。

家庭生活的內容十分豐富，但都是基於物質生活和精神生活兩大方面為主導的。因此，運用家庭生活環境教育和影響孩子，家長必須從這兩個方面努力，創造良好的物質生活環境和精神生活環境。

第一式 家庭的計劃經濟。家庭的經濟收入有多有少，經濟負擔有重有輕，家庭生活水平有高有低，這些情況都不能決定究竟是給孩子以積極的影響，還是消極的影響。起決定作用的是如何安排家庭的經濟生活。只有合理的安排，精打細算，略有節餘，才會使家庭生活過得平靜、和諧。即使物質生活條件艱苦一點，孩子也覺得是幸福的、溫暖的。否則，沒有計畫，胡花亂用，每天吃得再好，穿得再漂亮，也不會對孩子有積極的影響，甚至還會產生消極的影響。如果能讓孩子也參與家庭經濟管理，還會使孩子有家庭責任感，並在實踐中學會了生活上的金錢意識。

第二式 根據家庭條件，注意美化家庭生活環境。房間的陳設、布置風格優雅、色彩諧調、美觀大方、舒適宜人，每天都整理清潔衛生、井井有條，有利於陶冶孩子的情操，也能促使孩子養成良好的生活習慣。

第三式 全家都要嚴格要求自己、創造和諧的家庭氣氛。每個家庭成員都要自尊、自愛、自重、嚴以律己、互敬互愛，自覺地按照正確的道德行為規範行事。使孩子過幸福、愉快、溫暖、輕鬆、和諧的家庭生活；從中學會如何做人、如何愛人、如何按正確原則處理人與人之間的關係。在這種家庭環境中生活的孩子，一般性格開朗、心地善良、富有同情心，朝氣蓬勃，積極向上，具有優良的道德品質和行為習慣。

第四式 要不斷提高自己的文化素養，追求高尚的精神情趣。事實表明，家長的文化素養決定一個家的精神情趣。有的家庭，平日的生活既嚴肅又活潑，人人講禮貌，精神生活豐富、充實、高雅、喜歡讀書，不斷充實自己，在這樣的家庭裡生活的孩子，肯定會受到良好的影響。

建立良好的家庭生活環境，家長的作用是關鍵，但光靠家長還是不夠的，只有家庭全體成員共同努力，才能收到良好的效果。

第 101 招

幸福家庭的秘訣

家庭是最小的社會組織細胞，是人們恢復疲勞、享受生活的理想場所，因而，應該是充滿快樂和歡笑的地方。

對孩子來說，家庭是他最主要的活動空間，是他的依托和歸宿之地，因而，家庭環境的優劣，直接影響到他的健康成長。每個家長都希望給孩子創造一個和諧美好的家庭環境，希望這種環境帶給孩子健康的體魄，發達的智力、高尚的情操以及未來的幸福生活。

幸福家庭需要所有家庭成員共同締造，父母和孩子都有不可推卸的責任。父母是家庭的主宰，應該讓孩子感到自己是家庭的主人，對它負有責任。孩子常想到的是「我們」和「我們的」，而不是「我」和「我的」。

如果把家庭看成是一齣舞台戲的話，那麼，父母應是這場戲中的主要角色。父母的作用是：心情愉快地為孩子創造一個適合學習、休息的小天地，定時召開家庭會議、制訂旅遊計畫；經常與孩子一起遊戲、交談；定期舉行有親朋參加的聚會；為孩子的成功感到高興並及時給予鼓勵或慶賀等等。如果父母能夠當好男、女主角，那麼，其他演員就沒有理由不好好配合，演好這一齣家庭喜劇了。

第一式 當孩子還沒有為家庭幸福盡到責任的時候，你可以直接教會孩子一些準則，如合作、友誼、分享和忠誠等等，以增加他們和家庭其他成員的親密關係。

你還可以作如下一些解說——

「我們都是有緣分，才能成為一家人。」

「在這個家裡，我們都要互相幫助。」

「我為自己是這個家庭中的一員感到驕傲。」

「我們沒有很多錢，但我們有最棒的家人」

如果能照一般社會準則、習俗和常規提出要求，可以減少父母與孩子間的人為衝突。可以這樣說：「在這個家裡，每個人都要負責整理自己的房間。」

第二式 當你的孩子步入成年人行列的時候，他會超越父母和子女間的那種依附關係，進入年輕的成年人的一種愉快而嶄新的階段。在這一新的階段，你和他的關係可能就像一個年輕的成年人和一個年長成年人的關係。從某種程備來說，孩子在經濟上乃至心理上仍然依附於父母。因此，你要清楚，處理這類問題的基礎，應是一個成人對另一個即將成年的人，而不是大人對孩子。正確處理好這個階段可能出現的問題，也是維持家庭快樂的一個重要環節。所謂共同解決問題法、訂約法和家庭議等方法，可以幫助你度過這一難關。

第三式 如果父母長期在外工作，很少有時間與孩子在一起的這種家庭裡的孩子，總覺得和父母有隔閡，感覺到父母背著他們在幹某些神秘的事情。可能的話，你不妨帶孩子到你工作的地方去，使他們有個印象，知道你不在家時人在何處，做些什麼。還可以和孩子談談你事業上的目標、失意和成功的事蹟。這樣你便可以和他們分享你生活中的一個重要部分。同時，你也在幫助他們形成對工作的價值觀和他們未來的抱負。同樣地，父母表示對孩子的學校生活關心，也會使家庭更融洽一致。

在這個忙亂的世界中，要家裡每個人互相為大家騰出一點時很不容易，你不妨問問自己：「我把家庭親熱融洽歡樂的氣氛看得有多重？」假如它列為重要的話，那麼，怎麼培育滋潤並加強這些家庭關係，就要由你自己努力了。

永遠要記住：一個溫暖的家庭，就會產生幸福的力量！

國家圖書館出版品預行編目資料

這樣教孩子不會錯！，宮智美 著 -- 初版 --
新北市：新視野 New Vision, 2019.01
面； 公分 --（實用經典 04）
ISBN 978-986-97036-2-8（平裝）
1.親職教育 2.子女教育

528.2 107019165

實用經典04
這樣教孩子不會錯！

作　　者　宮智美
出　　版　新視野 New Vision
製　　作　新潮社文化事業有限公司
電話：(02) 8666-5711
傳真：(02) 8666-5833
E-mail：service@xcsbook.com.tw
印前作業　菩薩蠻數位文化有限公司
印　　刷　福霖印刷有限公司

總 經 銷　聯合發行股份有限公司
新北市新店區寶橋路 235 巷 6 弄 6 號 2F
電話 02-2917-8022
傳真 02-2915-6275

初　　版　2019 年 01 月